CW01496750

I.

- **Les inégalités logistiques sont covariantes des capacités cérébrales Génétiques.**

II.

- **Les inégalités cérébrales et logistiques créent les fonctionnalités indispensables à la progression de l'humanité.**

DANS LA CIVILISATION DES INEGALITES LOGISTIQUES

SANS LES INEGALITES QUEL SERAIT LE SENS DES EFFORTS ?
MAIS L'EXCES D'INEGALITES EST L'ESCLAVAGE

- ***Les coaxiaux neuro-dendritiques, autour desquels viennent s'organiser les orientations génomiques ancestrales, de forces variables, sont révélateurs des tendances et capacités mentales : leurs combinaisons sous la forme de « pôles », forgent la Nature Citoyenne***

POSITION 1. Descartes tenait pour impossible de connaitre un Tout sans la connaissance de ses parties. C'est exactement la problématique de l'intelligence humaine composée de parties ou « pôles cognitifs » de capacités inégales. Cette structuration de l'inégalité s'impose à la fois pour diversifier les individus et développer toutes les formes d'inégalités composant l'humanité.

POSITION 2. Les orientations génomiques des pôles cognitifs se développent selon une intensité variable s'exprimant par les multiples niveaux des formes de « l'intelligence », auxquelles s'ajoutent les formes intérieures et extérieures : que/qui serions-nous sans l'inégalité des visages et du cerveau ?

Tout individu dispose à la naissance de sa propre panoplie de « pôles cognitifs » à l'origine de sa cognition personnelle que l'enseignement devra parvenir à optimiser

La suite va montrer que les inégalités recensées dans leurs multiples effets économiques, sociaux, politiques et sociétaux ne sont que des conséquences. Celles-ci trouvent leurs causes dans les conditions biologiques du cérébral original. Les progrès attendus des neurosciences doivent permettre l'émergence d'une nouvelle aventure cérébrale.

Les luttes menées pour atténuer certaines inégalités, y compris les contorsions fiscales, ne peuvent avoir aucun effet sérieux ni changer la cause fondatrice. Par contre, les efforts de générosité restent indispensables pour apporter les aides et secours ressortissants de la solidarité humaine.

L'Hyper-informatique pourra-t-elle devenir l'outil mettant en valeur et traitant le développement des avancées par l'algorithmique et ses suites numériques ? La révolution dans les métiers, les activités et les comportements, va-t-elle remplacer la révolution des peuples ?

Les chapitres du présent ouvrage vont tenter d'approfondir les multiples aspects nécessaires à l'émergence d'une nouvelle armature cérébrale et sa logistique.

CHAPITRE 1

L'INTELLECTUALITE DU PRESENT

En posant définitivement l'activité cérébrale comme force poussant à l'action et comme cause première de toutes les inégalités, négatives et positives, c'est en quelque sorte la dissection de l'armature cérébrale qui est concernée. Le phénomène immortel de la compétition, attirant le dopage mental et physique, renforce la diffusion et l'élargissement des inégalités. La gestion des compétences et des capacités humaines devient alors la problématique universelle vitale.

En 1753, l'Académie de Dijon posa une question aux participants d'un concours : *quelle est l'origine de l'inégalité parmi les hommes et si elle est autorisée par la loi naturelle ?* Jean-Jacques ROUSSEAU répond en 1755 par son « Discours sur l'origine et l'inégalité parmi les hommes »

Dans ce discours J.J ROUSSEAU procède à une exploration, à l'aide de son cerveau évidemment, des formes, fonctions, types d'inégalités et conséquences sous forme d'un consensus conventionnel concernant les privilèges, les richesses, les honneurs, mais aussi les conditions de l'homme physique allant de l'état sauvage à l'état de nature. Malheureusement, dans cette longue exploration de sa pensée J-J. Rousseau ne cesse de se contredire et déconstruit son raisonnement : il ne fait aucune référence et ignore complètement l'outil qui lui dicte sa pensée. A cette époque cependant le cerveau faisait déjà l'objet d'études intéressantes, dégagé des exagérations de la foi chrétienne. Il n'a pas hésité à renier l'intelligence en soutenant, par exemple, *que l'homme qui médite est un animal dépravé.*

Cette position référentielle souligne la difficulté, encore aujourd'hui, à mesurer l'intelligence. Le QI, *(le quotient est un rapport entre 2 quantités : mais ici lesquelles ?)* ne peut mesurer l'intelligence ou la cognition d'un individu mais la probabilité de l'existence et de l'importance de l'inégalité d'un sujet à un autre et, en second lieu, de vérifier que le « testé » réagit conformément au concepteur du test.

Ceci, et notamment ce qui suit, confirme pourquoi l'intelligence n'a jamais pu être définie de manière claire et incontestable. Les efforts neuro-scientifiques ont permis de déterminer plusieurs zones cérébrales : cortex, écorce frontale et sub-frontale, sous-cortical … sièges imaginés de certaines réactions de « l'intelligence ». D'autres localisations cérébrales comme le cervelet, la région diencéphale sous le thalamus, l'hypothalamus sont également censés être une fonction opérationnelle de l'intelligence…

En réalité, il existe des types d'intelligences répondant aux aspects spécifiques de composants conduisant à des « capacités ». Une liste de ces parties conditionnant l'intelligence globale dans ses qualificatifs pourrait être considérée comme l'armature de l'intelligence d'un individu, chacun des composants de cette armature disposant d'un coefficient de puissance différent. Il s'agirait de catégoriser des sensibilités, de déceler l'existence de perceptions plus ou moins importantes rehaussant l'esprit de telles ou telles capacités.

L'extrême complexité du cerveau et de son fonctionnement au travers du réseau neuronal, des dendrites, des axones et de leurs connexions ont conduit à des observations et des interprétations infinies. Elles ont eu pour base les progrès de l'imagerie IRMF, accompagnée de son élément sanguin ouvrant la voie à la perception des localisations cérébrales actives. Elles n'apportent cependant rien de précis sur le phénomène de l'instantanéité des facettes de l'expression des capacités au travers du langage.

De même, les inégalités originelles, positives ou négatives ont des conséquences tellement formidables et vitales qu'il est en effet tentant de lister les pôles et capacités abstraits évoqués plus haut. Cependant, ce travail serait finalement de peu d'utilité parce qu'il n'existe à ce jour aucun moyen scientifique ou technique d'agir réellement sur l'un ou l'autre avec la précision indispensable. Alors ?

Sans aucun doute, mais dans un futur encore assez lointain, le jour viendra où il sera possible de mathématiser le cérébral et résoudre des équations des 7ème, 8ème ou 9ème degré, concernant l'ensemble récursif des dix principales parties fonctionnelles du cerveau humain. Sa formulation générale pourra alors être posée et c'est l'Intelligence Artificielle avec sa puissance de calcul qui permettra de la résoudre.

Il faut par conséquent attendre les *avancées* des outils et de la pensée, à commencer par l'hyper-microscope, pour continuer et nourrir les espaces de la contribution à ce futur. A ce titre, établir une Doctrine de l'inégalité est un pas.

1. DOCTRINE DE L'INEGALITE LOGISTIQUE

Étant un accomplissement fonctionnel imposé par la nature génique, l'inégalité est le différentiel constitutif mental et physique de la personne. L'état d'inégalité apparait comme l'épicentre de l'activité cérébrale sous-tendant le mélange des forces cognitives et géniques provoquant aussi l'éclosion synesthésique aux multiples niveaux. La première inégalité de la vie et qui créée la vie est celle existante entre l'homme et la femme. Elle assure la variété universelle des populations et des nations. Elle est révélatrice des inégalités politiques, des expériences économiques et des capacités productives. L'inégalité physique est indissociable du concept : sa cause première est en effet consubstantielle de la formation cérébrale ; la cause seconde est accidentelle. L'inégalité est une monade : elle est l'unité première, l'élément le plus simple des êtres et des choses qui les spécifient et les qualifient. Il n'existe par conséquent aucune unité dans le Tout parce que tout est nécessairement inégal pour la fonctionnalité de la vie : l'inégalité est en développement constant et partout. Elle diversifie la vie des animaux et des plantes et généralise la caractérisation logistique inégalitaire.

CHAPITRE 2

ENSEIGNER, RENSEIGNER, TRANSMETTRE

2. PROFONDEUR ET PENETRANTES DE L'INEGALITE

Le principe d'inégalité représente la différence de la réponse neuronale entre le récepteur et l'émetteur, ce qui réduit, ou élève, l'humanité à être gestionnaire de l'inégalité.

Les discussions, les travaux, les documents témoignant de l'inégalité sont en quantité incalculable. Tous détaillent les aspects du phénomène. Les aléas de la santé, la biodiversité, l'économie et l'avantage comparatif, le libre-échange, l'Assurance, la Production, le Peuple, les partis politiques, les inventions, les innovations, les doctrines de toute nature, y compris religieuses, l'Enseignement, les Armées, le Capital, les catégories socio-professionnelles (CSP), le Syndicalisme, sans oublier la littérature, la science et toutes les œuvres de l'esprit… La multiplicité des formes de l'inégalité est indéniable, crée sa nécessité, montre sa dépendance à la Loi Naturelle dont la source est l'ensemble cérébral. L'Inégalité est par conséquent la loi du genre humain et, plus largement, de tout ce qui vit.

Les combats et les guerres pour modifier, compenser, supprimer ou dominer les excès d'inégalités, ou pour en imposer, forment en définitive le tissu de l'histoire universelle. Prenons quelques exemples.

L'effort considérable des *Anciens* pour résoudre le paradoxe de l'unité dans la diversité leur aurait apparu bien inutile s'ils avaient observé l'absolue complémentarité des inégalités dans le Tout. Ensuite, l'idée d'interaction, qui a été centrale dans la philosophie kantienne correspond à la synergie réciproque entre deux individus aussi bien qu'à la synergie sociale dans son ensemble. C'est en somme l'inégalité cérébrale humaine et l'inégalité physique des choses qui sont à la base de l'évolution sous toutes ses formes. Dans l'immense domaine de la physique il a été décidé de considérer que l'ensemble des phénomènes dépendait de quatre interactions : la gravitation et l'électromagnétisme ; les interactions nucléaires quantiques fortes et faibles ; la loi de Newton. De fait, toutes ces interactions relèvent et sont permises par les inégalités et n'existeraient pas sans leurs effets contraires, associés ou proportionnels.

S'ajoute à présent au phénomène inégalitaire naturel et structurel, celui de l'intelligence artificielle (I.A.) qui vient en aide et exacerbe le développement des inégalités en multipliant dans leurs racines les capacités inégalitaires. De là nait la confrontation inévitable entre intelligences naturelle et artificielle, créant des pulsions imaginatives comme jamais l'histoire n'en a connue ni les humains.

Comment ceux-ci vont-ils pouvoir dominer la haute technologie d'applications exigeant de plus en plus de capacités synesthésiques, lesquelles actuellement ressortissent de la seule nature génique ?

L'Environnement est le premier contact entre le cerveau et l'extérieur. Il est suivi par l'Enseignement. Le Signe et les Signes d'abord ; l'apprentissage des connaissances ensuite ; puis l'entrainement au développement cognitif et finalement au « Deep-Learning » personnel et permanent celui-ci débuta avec l'humanité et l'intelligence artificielle l'a découvert récemment...

3. LE CONSTAT ENSEIGNANT

Ici naissent les forces de l'inégalité car rien ne l'est plus inégal que l'enseignement qui s'efforce au long des 15, 20 ou 25 années d'apprentissage de donner le surplus, à ceux qui ont déjà beaucoup à la naissance, génétiquement et socialement.

L'Enseignement devient ainsi et inévitablement le multiplicateur des inégalités estampillées, mais citoyennes. L'enseignement est une fausse justice et renforce les inégalités par les récompenses, l'accès aux grandes écoles, les titres et les diplômes.

Sous le couvert de l'égalité d'enseignement l'inégalité est renforcée. A partir de cette situation structurelle tous les efforts de l'Enseignement ne peuvent qu'aboutir à la création d'inégalités des connaissances vérifiées par tous les classements nationaux et internationaux qui vont permettre d'imaginer et d'examiner les succès et les insuccès probables : en réalité, le secret de toutes réussites est de jouer sur les inégalités, existantes ou créées, instituant les « rapports de forces ».

Prétendre reconstruire le monde tel que le temps l'a fait ne serait pas raisonnable. Mais il n'est pas illogique de chercher des compensations aux déséquilibres des inégalités qui s'enchainent à l'infini et tout naturellement à partir des prémices cognitifs.

4. L'ENSEIGNEMENT ATTENDU

A la base, on peut dire qu'il est insupportable pour un esprit de constater qu'il n'a pas l'approbation de l'autre. Ce ressenti universel ouvre la voie à une recherche du « plus » cérébral en faisant appel au renforcement des capacités cognitives. Il y a conscience qu'il existe une inégalité différentielle impliquant une réaction réfléchie relative à l'accroissement d'une fonction en rapport avec l'inégalité constatée.

Cette négativité révélée de l'interne appelle son contraire pour passer d'une situation floue à la plénitude de son sens. L'important est de généraliser cet effort en l'élevant afin de mettre une population dans l'état le plus favorable pour profiter des retombées en provenance des meilleurs cerveaux.

Cependant, si les meilleurs cerveaux d'hier sont bien connus, ceux de demain ne le sont pas encore. Le « meilleur » sera difficile à identifier, à qualifier et à comparer : quelle sera ou quelle devra être la supériorité de son inégalité, en structure, en niveau et en relativité par rapport aux nouvelles références du monde ? Que restera-t-il des références anciennes ? Toute la problématique de l'Éducation-Enseignement est là.

Des parties bien distinctes forment actuellement les trois étapes de l'enseignement : la première est l'élémentaire, la seconde conduit au « bac » ou son équivalent international, la troisième, dite supérieure devenant une confirmation et la formation des compétences en catégories d'applications. Au plus haut niveau une quatrième prépare à l'approfondissement d'une aptitude intellectuelle très forte, c'est-à-dire talentueuse, masculine ou féminine.

Cette structure de l'Enseignement est en ligne avec ce qui est et a toujours été recherché : une mise à disposition des compétences considérées aux différents niveaux de savoirs et d'expérience. L'Art ne fait pas exception : qu'y célèbre-t-on sinon l'inégalité dans sa ferveur ?

L'enseignement supérieur et très supérieur développent l'inégalité des compétences et des talents guidés par trois objectifs. Le premier est de réussir le repérage des unes et des autres, le second est que les formateurs soient bien et justement formés, pour transmettre certaines spécificités propres aux technologies numériques comme l'analyse très poussée des « données ». Celles-ci sont en effet le point de départ de tout raisonnement, notamment algorithmique. Le troisième est qu'ils surveillent avec forte attention la capacité à bien écrire la pensée et les développements techniques proposés.

Le Formateur (Professeur) de demain sera bien dès lors le porteur des inégalités révélées par l'égalité de ses cours et non un simple traducteur et transmetteur des savoirs classiques.

L'Enseignement supérieur des inégalités est également une préparation au passage dans les universités étrangères dominantes, suprême cadeau réservé aux étudiants en capacité financière importante.

L'aboutissement de cette succession d'enrichissements du mental est l'éclosion des élites, des meilleurs d'une nation portée par un ensemble d'inégalités. Tout naturellement une fraction importante des élites entrent en politique et le vote, même démocratique, devient inévitablement celui d'une rivalité organisée entre inégalités pour désigner la meilleure, destinée à un « moment politique ».

L'interrogation qui se présente est de savoir si une personnalité élue et choisie pour ses inégalités est en mesure de comprendre et de mener un combat sérieux contre les inégalités citoyennes de toutes sortes ? D'autant plus que le principe constitutionnel de l'égalité sociale précise que les charges et avantages sociaux sont répartis proportionnellement à la capacité, au travail et au mérite de chacun. L'injustice de l'égalité est de la sorte actée par l'inégalité. Est-on là face à une aporie historique ?

5. LES STRATES D'INEGALITES

En économie, en politique, en diplomatie comme en toute chose, ce qui doit être géré en principal est l'inégalité structurelle.

Gérer cette inégalité, c'est gérer la fonction inégalitaire au travers de ce qui la crée, la nourrit, la transforme en élément stratégique. Le traitement stratégique de l'inégalité est la clé des solutions et des succès auréolés à présent de et par la gestion numérique : l'inégalité gagnante est le résultat d'un combat entre forces cérébrales utilisant l'inégalité comme l'outil phénoménal dont il est permis de tout espérer et conduit aux bonus colossaux.

Être stratège des inégalités c'est savoir et pouvoir transformer toute inégalité objectivement « négative » en « positive » apportant l'avantage définitif. Dans ces conditions, tout modèle de processus d'exemplarité inégalitaire est précieux et les problématiques les plus complexes des entreprises, des États, des familles…sont celles obtenues par la synthèse stratégique parvenant à créer une inégalité dominante, neutralisant, rendant inoffensive les autres.

6. L'AIDE STRATEGIQUE

Ce qui précède est prémonitoire. L'inégalité étalant ses profondeurs, l'aspect stratégique de son traitement doit faire appel à l'intelligence artificielle parce que c'est l'équipement qui lui est indispensable.

L'I.A n'est pas la solution à tout. Malgré l'enthousiasme et l'exaltation qui lui sont portés ses limites sont réelles. Ce qu'elle peut indéniablement mieux faire qu'un cerveau humain ce sont, par exemple, la rapidité et la précision de classements considérables de données simples et complexes, c'est-à-dire des travaux essentiellement répétitifs et automatisés : c'est le domaine des algorithmes. Par extension et dans la même orientation, l'I.A. est absolument supérieure dans la réalisation de calculs matriciels et itératifs, gigantesques et fondamentaux en biologie, médecine et génétique. Dans tout cela cependant l'I.A. raisonne et développe une logique déductive te inductive sensible qui est en premier celle fournie par l'intelligence humaine et ses capacités, ensuite augmentée par les technologies numériques et informatiques. Ces dernières sont imbattables pour la vitesse et la précision des développements de sujets définis. Mais les capacités synesthésiques, la prise de responsabilité ou d'initiative, au sens plein des termes, sur n'importe quel sujet est réservé à l'esprit humain et l'I.A. n'arrivera pas à maturité dans ces domaines avant très, très longtemps.

Par conséquent, chacun étant à sa place dans la structuration des inégalités, un aperçu des stratégies inégalitaires peut être proposé en distinguant les aspects politiques, économiques, sociétaux, entrepreneuriaux... Celle, si importante, de la trilogie éducative évoquée plus avant étant à construire avec une formation des formateurs « neuro-numérique ».

7. STRATEGIES DES INEGALITES CREATRICES

Ce qui précède laisse entendre, mais il est bon de le préciser : ce qui suit n'est pas une fiction ni une percée vers le futur ou le très long terme, il s'agit de traiter et de moderniser l'inventaire de la stratégie en la confrontant aux conséquences des réalités nouvelles neuro-numériques.

La nécessité de définir et d'analyser les stratégies est une obligation politique aussi bien qu'économique ou sociétale. Comment une démocratie pourrait-elle ignorer la stratégie alors qu'elle vit et ne se développe que sous les pressions permanentes, et souvent menaçantes, des évènements intérieurs et extérieurs, de l'opinion publiques, des concurrences mondiales… Toutes ces pressions sont nourries par leurs expressions inégalitaires qu'il faut rééquilibrer par des compromis à la vie souvent courte.

8. LA PRISE DE POUVOIR : UNE STRATEGIE POLITIQUE ANCESTRALE

Le gouvernement des hommes est évidemment aussi celui des inégalités qui évoluent constamment en fonction de la variation même des inégalités dans le temps (parfois très court). Les promesses politiques ou gouvernementales ont toujours pour obligation de se hisser au niveau des problématiques et structures inégalitaires et de trouver une solution de survie en développant, plus ou moins selon les cas, une pensée stratégique resituant les inégalités en les rééquilibrant. La stratégie de la prise de pouvoir est historiquement la plus ancienne. L'actualité démocratique se renforce si l'innovation tactique est renouvelée. Le cas récent et remarquable de la « Présidentielle » 2017 fera date dans l'histoire. Le candidat MACRON a utilisé à son profit les fortes inégalités politiques présentes et éparpillées dans les partis politiques en concurrence. Leur déstabilisation a consisté, principalement, à neutraliser leurs représentants consacrés par disqualification morale ou mentale, provoquant une désagrégation qualitative de leur capacité à pouvoir maîtriser le renouveau économique urgent du pays. Une tactique habile et précise de recyclage de la représentation nationale a permis la création d'une nouvelle majorité en dépendance totale. Ensuite, pour éviter toute polémique partisane l'objectif a été la mise en place à marche forcée de Réformes promises pendant la campagne présidentielle, non sans être accompagné de tendances ambitieuses, certaines mais occultées. La démonstration de la réussite finale dépendra d'une nouvelle stratégie d'inégalités de niveaux et d'importances très différents, sans pouvoir publier les bases sur lesquelles les rééquilibrages d'inégalités se sont construits. L'important sera de prouver à l'opinion publique les avantages et la solidité de la nouvelle situation inégalitaire.

9. L'ENSEIGNEMENT, DILEMME POLITIQUE INEDIT ET EXCEPTIONNEL

La stratégie politique inégalitaire, importante et difficile, est celle de l'Enseignement. Le véritable défi est ici celui du traitement de l'intelligence humaine, fondement et base de toutes les inégalités, répétons-le. Mais si le phénomène de l'inégalité domine l'humain, la vocation de l'humain n'est-elle pas de savoir-faire de l'inégalité l'outil de sa supériorité ? Dilemmes colossaux de civilisation : Augmenter artificiellement la capacité intellectuelle ou l'interdire ; Devenir totalement inégaux ou accepter la rétrogradation en cyborg ?

Nous en sommes là. Les implants neuronaux existent. Elon Musk en est le premier soutien ; les autres grands attendent, mais sont prêts à suivre ; la Chine est déjà en marche repoussant l'obstacle « éthique ». Précisons rapidement la situation :

A la fin de la seconde décennie du 21è siècle l'extrême danger ne vient pas des « réactionnaires » mais de progressistes illuminés et milliardaires. Début 2017, M.Zuckerberg a mis en avant son projet de connexion de tous les « amis » du monde par l'intermédiaire de casques cérébraux[1] réalisant l'interface homme-machine permettant de cliquer mentalement sur les lettres d'un clavier virtuel à une vitesse de 100 mots-minute. Bien entendu cette annonce ne pouvait pas rester sans réponse des concurrents. Elon Musck a donc annoncé en mars de la même année la création de « Neurolink », une société dédiée à l'augmentation cérébrale par implantation de composants submicroniques au milieu de nos milliards de neurones. La Vallée du Silicone est ainsi en passe de devenir la vallée de l'horreur ; ses Oracles précisent néanmoins et heureusement comme on va le dire ci-après, que leurs projets n'atteindront pas leur développement opportun avant 2060. L'extrême danger à présent vient du dépassement incontrôlable de l'I.A. et de ses manipulateurs se pensant missionnés en Dieux du transhumanisme. Après son aide algorithmique indispensable aux nouveaux progrès de l'évolution sociétale, des milliardaires hyper progressistes conduisent à l'absurdité du cyborg c'est-à-dire à des organismes électroniques humanoïdes. D'autant plus qu'en finale, l'inégalité que les surdoués ioniques souhaitaient supprimer, ne ferait au contraire que se renforcer car on ne comprend pas pourquoi, ou par rapport à quoi, les cyborgs pourraient être égaux en quelque manière puisque leur objectif est l'hyper formatage des meilleurs.

Il y a donc l'imagination des inégalités et la réalité impliquant de moduler les divagations, les errances et les hésitations : il importe de revenir à la raison, simplement humaine, à une lutte, à un combat politique utile entre forces cérébrales normales et donc inégales. L'important est alors de connaitre aussi parfaitement que possible ce que sont et seront les inégalités en présence afin de pouvoir définir la stratégie qui changera les positions en donnant l'avantage à celles qu'il est nécessaire de promouvoir : c'est notamment l'enjeu même de la stratégie politique de l'Enseignement contemporain. Le sujet a déjà été évoqué, les inégalités supérieures qu'il faut contrôler pour baliser les débordements est un travail considérable : il faut enquêter, rechercher, interroger, observer les efforts et les résultats du parcours éducatif à l'intérieur de ses Trois Temps d'Etudes. Pour l'exemple : la meilleure innovation pédagogique est toujours recherchée pour renforcer l'efficience des renommés MBA parce que le consensus est absent…

La recherche de la valorisation de l'enseignement est en cours. Elle ne s'arrêtera qu'au seuil du passage à la valorisation du cerveau. Mais… quelle sera la capacité de résistance de l'intégrité naturelle aux pressions inégalitaires de la valorisation neuronale ?

---

1) Un Brevet de casque de caractère ondulatoire a été déposé par l'Auteur.

CHAPITRE 3

LOIS

ET

INEGALITES

10. LA JUSTICE ET SA STRATEGIE INTIME

Les difficultés crées par les inégalités politiques sont en trop grand nombre pour être analysées dans le présent cadre. Celle concernant la Justice fait cependant exception. Dire le droit des inégalités c'est construire une intime stratégie entre un fondement cérébral inconnu et un autre de même nature. L'intime conviction, celle du juge (ou des jurés) vient au secours, mais cette intimité est-elle celle de la Justice ou une justice simplement enrobée ? Comment dire le droit ? comment montrer le droit par un acte de parole, comment arbitrer les inégalités de la loi naturelle et être certain de l'arbitrage juste ?

11. CONFLITS ET STRATEGIE DU « SECRET-DEFENSE »

Seconde exception : la profondeur et l'universalité des inégalités humaines donnent naissance aux conflits, personnels ou militaires. Un phénomène, au fond ordinaire, peut donc devenir explosif au niveau international ; le nombre de guerres actives ou sous-jacentes dans le monde en sont la preuve. Elles représentent une donnée politique permanente, souvent sous-développée pour des raisons compréhensibles d'apaisement public. C'est en tout cas un sujet éminent de stratégie politique silencieuse.

Dans le risque de conflit social et dans celui de guerre, les données d'inégalités ont une influence essentielle. Dans les deux cas le risque est identifié comme un phénomène social ordinaire ressortissant sur le fond des sciences sociales, rappelant la maxime « Si tu veux la paix il faut connaitre la guerre ». Son usage devenu universel fait partie d'études spéciales dont le caractère « scientifique » est revêtu du vocable totalement inadapté de 'secret-défense'.

12. POURQUOI LA NECESSITE « STRATEGIQUE » ?

Les inégalités, contemporaines de l'homme, se sont développées en même temps que lui, ont marqué son évolution, ont construit sa civilisation. Il a profité et s'est protégé des inégalités, a inventé les moyens pour s'y adapter et les utiliser, c'est-à-dire que depuis son apparition les inégalités de la nature et de sa nature l'ont contraint de créer une stratégie de vie et de survie fondée sur le savoir. Les données du savoir, accompagnent le pouvoir, lui-même au service du vouloir stratégique. Les stratégies de toute nature n'existeraient pas sans les inégalités qui sont leurs objets d'études. Cette inversion des priorités est essentielle : là où il n'y a pas d'inégalités il n'y a pas besoin de stratégie. Le mot vient du grec *stratégos* « chef d'armée ». Son sens actuel a pris sa dimension avec l'objectif de créer ou de combattre des inégalités. Ceci démontre l'écart existant entre le concept d'inégalité et la notion de « Différence » plus proche d'intimité et surtout plus rattachée au spectre commercial.

CHAPITRE 4

BOULEVERSEMENT
DES STRATEGIES ET DES
INTELLIGENCES

L'identification originelle des inégalités permet de mieux se les approprier pour les combattre ou les servir en toutes connaissances de leurs profondeurs, par l'analyse stratégique. Son utilité va atteindre des sommets avec l'ère numérique des hyper-inégalités, de l'hyper capitalisme et de l'hyper développement d'une multitude de services plus ou moins paupérisateurs. Pour retarder l'arrivée certaine de conséquences dont la nature est forcément imprévisible, la maîtrise des stratégies inégalitaires poussées à leur extrémité constitue, sinon un rempart, du moins une ressource face à l'inconnu total.

13. CONSTAT DU XXI è SIECLE

Tous inégaux, par conséquent tous égaux dans l'inégalité. D'où la question : Comment une stratégie peut-elle faire face à l'inégalité généralisée et quelle stratégie est stratégique ? Celle de l'entreprise ? Celle de l'Etat ? Celle de l'intelligence ? Celle du numérique, inversif des inégalités ?

La capacité stratégique contient celle des intelligences et est au service de toutes les stratégies. Procédons par sélection de l'utilité stratégique elle-même dans les perspectives actuelles des incertitudes et du renversement des équilibres mondiaux. Les inégalités sont plus ou moins nombreuses et forment partout un tissu dont les fils croisés sont les conducteurs de la compréhension du nouveau monde.

14. DU CÔTÉ DES ENTREPRISES

Si la performance dans la croissance reste l'idée du résultat à atteindre, il ne dépend plus en priorité de l'organisation du travail mais de la recherche et de la gestion des talents, c'est-à-dire des cerveaux. L'entreprise doit être stratégique et ses talents doivent être capables de qualifier les intelligences et les capacités qui lui sont indispensables. L'entreprise doit être stratégique pour trouver ceux qui seront les meilleurs pour reformer l'utilisation des Actifs matériels et humains ; pour adapter les compétences aux besoins des marchés ; pour dynamiser et sécuriser les personnels tout en adaptant leurs compétences à l'évolution des techniques productives, du Numérique et du Marketing. Tout cela non pas de manière ponctuelle mais permanente ; non pas de l'entreprise modèle mais des entreprises côtés, et aussi les ETI et les PME aux chiffres d'affaires significatifs. L'application de cette stratégie a un autre avantage immense : celui de rendre les entreprises automatiquement en dépendance réciproque économique de leurs inégalités : elles doivent les connaitre et les confronter pour progresser dans un monde où la capacité stratégique est face aux différentiels d'inégalités des zones d'influence mises sens dessus dessous.

La version Atlantique du monde a perdu de son influence au profit de la zone Asie-Pacifique ; mais la zone Afrique qui n'était rien devient un enjeu majeur. Au centre des interrogations de l'Europe sur leur évolution se trouvent leurs inégalités différentielles, dont les variables constituent les véritables données stratégiques. Il va donc falloir associer ces données à l'hyper-informatique et aux capacités du « duo » Intelligence Biologique + Intelligence Artificielle, nécessaires à la connaissance de la progression des fonctions industrielles, des services et de l'information. La clé des dominations concurrentielles et celle de la puissance se trouve dans la découverte des subtilités du tissu des inégalités formé des variables porteuses des interprétations apportant la stratégie propice aux succès.

15. DU CÔTÉ DES ETATS

Plus précisément, parler au nom des Etats signifie de connaître, à minimal, la tendance cérébrale majoritaire et minoritaire des classes politiques et de la structuration de ses pouvoirs. Il s'agit donc dans un premier temps de généraliser le sujet.

On ne peut plus maintenant supposer les Etats de vouloir accroître leur emprise directe sur l'économie ou de procéder à l'acquisition de certaines entreprises. Lorsque surgit parfois la question de 'nationalisation' au niveau de l'Etat, c'est plutôt une idée de menace ponctuelle, une occasion de montrer sa puissance pour protéger une activité en agitant la possibilité d'une mainmise administrative, mais surtout pas dans l'idée de concurrence. Les Etats recourent de plus en plus à la notion d'illégalité face à un prédateur et pour lui démontrer sa suprématie : à ce titre, l'arsenal juridique constamment.

Les Etats ne sont pas en concurrence avec l'économie mais possiblement en contradiction avec les entreprises et ils sont gagnants parce que l'inégalité est en force de leur côté : L'Etat doit et peut contredire les entreprises et les obliger de prendre en charge dans leur gestion générale les obligations financièrement nécessaires pour lui donner les moyens de satisfaire les nécessités citoyennes de la santé, de l'enseignement, de la science, de la recherche, de la sécurité et de la sûreté des infrastructures... Toutes ces protections ne pouvant être offertes, gérées et réparties aux citoyens le plus justement que par les Services d'un Etat. En contrepartie, il exige donc impôts, taxes et contraintes auprès des Actifs économiques d'une part et des citoyens consommateurs d'autre part.

L'inégalité foncière de l'Etat ne le rend cependant pas tout-puissant : il ne peut assurer l'équilibre entre les demandes des citoyens et ce qu'il peut offrir qu'en fonction des ressources obtenues par la fiscalité et celle-ci dépend de la politique, des valeurs et exigences exprimées par le suffrage « universel ». Toutefois ces revendications se trouvent, par leurs conséquences pratiques, souvent en concurrence défavorable avec d'autres économies incertaines à fiscalité hyper compétitives. On trouve là, face à face, la notion d'unité collective et la réalité des inégalités nationales et internationales à la sources des concurrences. Même si le suffrage universel français est le meilleur atout citoyen pour un rééquilibrage (relatif) de certaines inégalités, il constitue finalement dans ses suites une énorme faiblesse concurrentielle devant être compensée au mieux.

Cette compensation se trouvera dans la maîtrise des inégalités fondées par analyses, informations et renseignements des bases opérationnelles devant permettre la collaboration différentielle sur les marchés à fort potentiel. Cette stratégie trouvera sa place plus loin.

16. DU CÔTÉ DE L'INTELLIGENCE

Précisons-le à nouveau : il s'agit ici de l'action et de la faculté de comprendre du cerveau dont nous sommes totalement dépendant. Cette dépendance s'accroit considérablement avec l'évolution vertigineuse de l'hyper informatique associant l'intelligence Biologique (I.B.) à l'intelligence Artificielle (I.A.) pour accélérer la numérisation des programmes et de leurs résultats. L'importance, la profondeur de cette évolution entraine et créé une nouvelle génération de cerveaux, une nouvelle descendance engendrant activités et spécialités impliquant adaptations et ajustements tant avec le passé qu'avec le futur. La convenance sociétale n'est pas acquise, risquant de renforcer et d'étendre les inégalités qui, pour certaines transiteront de l'insupportable à l'ignoble.

En l'espace de trois décennies seulement le monde a été modifié sous l'influence d'une dizaine de créateurs, devenus milliardaires en quelques années par adaptation des outils algorithmiques élémentaires s'associant à tout l'existant et modifiant le fonctionnement de notre civilisation. Dès l'enfance, une nouvelle forme d'accommodement à la vie est inculquée. Quel niveau de conséquences attendre de cette évolution et quel sera son rapport avec la ou les cultures précédentes ? Allier les nouvelles inventions offertes par les technologies à venir ? Parmi elles, les 'plateformes' occupent déjà un espace considérable et spécifique.

On peut en effet prendre les plateformes comme premier symbole des nouvelles technologies. Elles sont le support de réseaux, d'idées développées par les capacités mentales au service d'applications concrétisant l'usage d'innovations de toutes sortes. Elles symbolisent l'évolution populaire soulignée plus haut et assurent la transition vers le nouvel ordre social. L'usage des plateformes est une véritable contagion populaire, on pourrait dire une contamination de l'économie contemporaine vers la formation d'une numérisation totale de l'économie. Elles sont également créatrices de nouvelles inégalités par la diversité, la variété, l'inconstance des emplois, des raisonnements et participent largement à la transformation des activités industrielles, commerciales et des services. Dans ces conditions, comment pourraient-elles, à leur tour, ne pas influencer le cérébral et la pensée ?

Il est déjà facile d'observer deux effets majeurs : le premier est que les plateformes participent fortement à la préfiguration des lois et règlements. Le second est que la notion de rareté perd considérablement de sa densité parce que les réseaux sociaux sont porteurs d'offres généralisées et disponibles. La rareté n'existe pratiquement plus que dans les domaines du lux, de la splendeur ou des arts, avec par conséquent un étalement des inégalités participant largement à la nouvelle structuration des « intentions d'achats ».

La transcendance des plateformes sur l'économie est actée. La responsabilité induite des transformations réalisées et de celles à venir provient de l'inégalité différentielle positive des cerveaux créateurs de l'économie numérique, c'est-à-dire de l'aristocratie des cerveaux.

Jamais dans l'histoire de la civilisation humaine la faculté de comprendre des cerveaux, leur capacité à saisir, à développer, à concevoir en un tous les éléments constituant les ensembles se présentant dans les technologies numériques n'a été aussi indispensable qu'elle l'est aujourd'hui pour tous. Cette nécessité pose la question du « Comment faire ? »

Comment faire pour résoudre le spectre des inégalités, pour les dominer et glisser de l'aristocratie à la démocratie cérébrale éclairée ? Comment faire valoir les cerveaux comment les mettre en valeur par rapport à l'I.A., à l'I.B. et aux positions françaises notamment. ?

La réponse qui vient en priorité à l'esprit est l'école, sa transformation et son évolution. Les projets et les réponses sont complexes parce que s'il est assez facile d'imaginer ce qu'ils devraient être par rapport à un futur anticipé, mais indéterminé, les moyens pour y parvenir passent nécessairement par le travail et la prise en compte des cerveaux anciens, ceux des parents d'élèves, ceux des professeurs et ceux des formateurs. Ni les uns ni les autres n'y sont préparés en aucune façon. Le certain est que les débats agitant présentement leur esprit est d'une simplicité enfantine, très loin du parcours et des efforts pour parvenir aux solutions attendues ou souhaitées, vitales pour les pays et les citoyens.

L'idée d'une nouvelle vision de l'école et de l'enseignement fait consensus et s'impose. Cela signifie qu'en attendant de mieux comprendre le futur exact, le présent doit faire face à la fois à ses éventualités et risques et aux pesanteurs du passé.

Dans la logique puissante de la situation évolutive, anticiper et devancer ce qui sera inévitable est une obligation pour tous les intéressés : de l'État aux sachants et aux écoutants. L'inévitable s'inscrit dans ce qui précède : on ne peut plus arrêter l'évolution numérique et ses révolutions associées. Les études et les rapports sur ces sujets ne manquent pas. Cela veut dire que les moyens traitant des probabilités et certitudes des transformations et du devenir existent : il est donc de la responsabilité prioritaire de l'Etat d'établir un 'état des lieux' précis des conséquences sociétales, d'abord à 10 ans et à 20 ans ensuite avec la plus forte chance de réalisation. Cet état des lieux doit détailler les transformations productives des grands secteurs économiques de la Production, de la Consommation, des Services et des Echanges. De cette connaissance doit être dégagé le processus de la structuration de l'emploi, de ses besoins catégorisés et profilés, suivis d'une validation de la durée des anticipations.

A partir de cette connaissance et des inégalités induites, l'organisation du cycle de l'enseignement pourra être repensé sur la base des emplois recherchés et l'adaptation totale des cerveaux étudiants à l'esprit de leur destin, en ligne avec espérances et ambitions.

L'objectif est donc de pouvoir proposer le plus tôt possible le type d'emploi, sinon l'emploi lui-même dès le début de la troisième partie de l'enseignement qualifié de supérieur. Des sections pourraient être crées approfondissant les connaissances sur les matières essentielles des emplois considérés. La « formation professionnelle » pourrait donc commencer dès cette étape. Cela suffira-t-il pour atteindre le niveau exigé pour assurer la prospérité dans la civilisation hyper-informatique avec la concurrence neuronale qu'elle implique ? Pas sûr. L'intelligence artificielle (I.A.) ne va pas cesser de se développer alors que le niveau et l'intelligence naturelle ou biologique (I.B.) sont dans la contradiction profonde. L'I.B. dispose d'une structure neuronale originelle qui créé « l'I.A. » et la met à la disposition de cette dernière et de ses avancées au profit des meilleurs cerveaux du monde. L'I.B. accroît ainsi les capacités de l'I.A. et devient en grave infériorité par rapport à elle. L'une et l'autre deviennent alors des adversaires et cette dérive implique à l'I.B. de booster tout ce qui fait défaut à l'I.A. afin de sceller entre les deux une coopération indispensable et existentielle du monde dont on peut aujourd'hui imaginer très discrètement l'horizon. Sa logique irréversible est en train de développer un phénomène dont le monde est encore inconscient. On reviendra sur ce point transcendantal de notre espèce.

Il est par contre déjà possible d'affirmer que la mutation dans toutes les activités sera plus ou moins étalée dans le temps mai complète et totale avec, en point d'orgue, les professions intellectuelles qui sont dans la dépendance neuronale. Cependant, il faut savoir et dire pourquoi une telle évolution s'est installée et se développe à l'insu des futuristes loin d'en avoir mesuré l'ampleur. A la base de tout changement dans le monde une matière première est apparue et a été exploitée en profondeur et sans interruption. D'abord, les fameux quatre éléments : Terre, Air, Mer Eau, Feu… et leurs composants. Ensuite les ressources naturelles du sous-sol : charbon, minerais, or, cuivre, zinc, pétrole, uranium, etc. sur lesquels s'est fondée la civilisation humano économique. Après avoir créé et développé la révolution industrielle, elles perdent à présent de leur importance au profit d'une nouvelle matière première qui est celle des « données », en provenance directe et constante des besoins cérébraux exprimés chaque seconde par les milliards d'êtres humains de la planète.

Les « Données » sont la matière première de l'homme, en provenance de Tous, insondables, inépuisables, renouvelables. Elles sont captées à tout instant partout, même sur les ailes des avions, et avec une précision constamment renforcée, d'où une analyse de plus en plus pointue disséquant pensées, désirs et fonctions humaines. Les super spécialistes californiens au service des géants « GAFA & Autres » avancent le chiffre d'extractions de plus de 1 milliard de milliards de données hebdomadaires en 2020. Leur traitement est assuré par des super calculateurs dotés (actuellement), d'une puissance de l'ordre de 80 à 100 milliards de milliards d'opérations par seconde. Personne n'est plus capable de limiter le développement de cette nouvelle structuration universelle de l'humanité. D'où l'incapacité mentale à imaginer sérieusement les formidables conséquences de cette évolution aux manifestation nouvelles quotidiennes. Sauf la logique transcendantale évoqué plus haut qui en est la clé.

Comment faire face, comment réagir à la mise en œuvre de ce conditionnement humain ? Le rapport moyen des inégalités qui est d'environ 1à 100 va devenir 1 000 fois supérieur, c'est-à-dire inimaginable dans ses conséquence pratiques. Aucun être humain normal ne peut accepter, ne peut envisager cette dégradation, dans tous les sens du terme. Où est le remède ? Les excitants, le dopage sont connus depuis l'antiquité et l'usage s'en est constamment élargi pour permettre aux cerveaux la compréhension des avancées des sciences et des connaissances en général.

L'I.B. est par conséquent et incontestablement en difficulté mais n'est pas (encore) en obsolescence parce qu'elle continue d'approvisionner l'I.A. dans ses manquements. Cependant et tout aussi indéniablement, elle a besoin à son tour de l'I.A. pour maintenir le niveau de supériorité dont elle dispose au travers de ses capacités spécifiques déjà signalées. Le recours, évoqué depuis longtemps, va nécessairement franchir un nouveau seuil, simultanément aux contraintes éthiques, évolutives au même titre que le cerveau lui-même.

La Silicon Valley d'un côté, les blocs scientifiques chinois du nord et du sud du pays de l'autre, sont profondément occupés à travailler sur les technologies invasives douces offrant aux « cerveaux B » la possibilité de maintenir la coopération avec leurs créations, les « cerveaux A », siliconés à 100%.

Dans ces circonstances, comment ne pas admettre et favoriser le bouleversement de l'enseignement en temps utile et vital ? Comment ne pas comprendre que l'Intelligence est l'arme principale des temps à venir ? Comment enseigner l'intelligence sans avoir l'intelligence de l'enseignement dévolue aux formateurs ?

17. DU CÔTÉ NUMERIQUE

Les mots « informatique » et « numérique » sont devenus les vedettes de l'information, des médias, des conversations et enveloppent activités, entreprises et consommateurs. Ils sont devenus tellement polysémiques qu'il n'est pas inutile de revenir à leur essentiel.

L'Informatique est le calcul décortiquant et transportant l'information procédant à sa transformation par les algorithmes appliqués aux programmes de toutes sortes, devenant la fonctionnalité des machines et des robots. Son domaine est universel et est en quelque sorte indissociable de l'adjectif « *numérique* » concernant et désignant toute activité fondée sur l'utilisation des nombres. Il est donc en effet accolé à l'informatique et est le fondement de la programmation, du codage, le cœur et l'esprit des logiciels, l'existentiel des algorithmes. Le monde se trouve ainsi divisé en deux parties : la « lettre » et l'alphabet pouvant exprimer les sentiments ; les « chiffres » et la numérisation créant, transformant les réalités et en créant d'autres, avec les « données » utilisant les deux à la fois.

En finale, Informatique et Numérique sont des outils différents mais indissociables, l'un et l'autre en transcendance du cerveau. Ajoutons que ce sont deux concepts et produits de l'évolution, génétiquement perfectionnés à l'infini par la matière grise universelle (soit 910 millions de tonnes, 1,4 kg x 7 milliards d'humains...), à ne jamais oublier, d'autant plus que de nouvelles inégalités vont fatalement en découler, modifiant fortement leur stratégie.

Chacun à présent doit comprendre et intégrer que le numérique sublime l'information et lui accorde moyens et possibilités pour la création d'avenirs 'impensables' il y a seulement quelques années. Avec l'emploi des algorithmes, la communication n'est plus seulement une fonction de mises en relations mais devient un élément majeur de production à condition que

la réflexion et la manière de penser ne considèrent plus l'information comme une abstraction mais comme un élément physique de production : celle des plateformes pour l'exemple, ou de tout objet connecté. L'origine de l'innovation et des start-ups est là, avec un horizon illimité d'activités-esclaves en ajoutant les apports fonctionnels des GPS, de la photographie, des ondes ou des transistors de demain.

Les « données », sous-entendant le don et l'aumône, ont également comme sens celui d'être l'élément fondamental, le point de départ d'un raisonnement ou du développement d'un détail quelconque. Les données sont l'essence même du numérique et s'ajoutent à son importance informatique puisqu'elles font apparaitre à l'esprit une inversion de la conception du monde et de son évolution.

Malheureusement, une inégalité considérable s'est créée entre la masse des données, leur traitement et leur exploitation mondiale au profit des pays disposant de la liberté totale de leur exploitation. Son ampleur est conforme aux exigences du phénomène. C'est ce qui a permis la naissance et l'expansion foudroyante des GAGAM et +…, à présent indétrônables. Par suite, les autres pays ne peuvent que se limiter à l'utilisation de la « donnée », matière première, qu'en fonction de sa disposition résiduelle.

Il n'y a pas eu et il n'y aura pas de bataille du numérique. Les jeux sont faits. Il y a les super-start-ups mondiales et les start-ups territoriales.

Cependant une autre bataille du numérique, celle de l'armement cérébral est engagée et en cours de développement, mais personne ne sait encore comment, pourquoi et qui la gagnera. Les acteurs se retrouvent principalement en deux groupes : la population jeune, de près de 900 000 arrivées annuelles sur le marché concurrentiel du travail, en espérances et en crainte des emplois disponibles. Le second groupe est celui des actifs anxieux de pouvoir maintenir leur situation ou angoissés de ne pouvoir faire face aux transformations de leur poste de travail numérisé. Plus les entreprises vont s'enfoncer dans le numérique et l'informatique concurrentiels, plus les exigences concernant les postes à pourvoir seront précises et la capacité d'adaptation aux évolutions techniques primordiale. Les chefs d'entreprises ont compris que leurs positions sur les marchés devenaient dans la dépendance des talents de leurs personnels de production et de vente. La collecte des talents devient essentielle du fait qu'il y a dès à présent concurrence avec le développement des applications performantes de l'I.A. dont le premier moteur se situe dans la puissance des ordinateurs augmentant sans cesse. Selon les spécialistes du secteur et les industriels concernés, en 2021 les microprocesseurs seront gravés en 15 atomes de largeur, soit 3 nanomètres, ce qui signifie que sur 1 microprocesseur 10 milliards de transistors pourront être gravés. De capacités sensorielles encore limitées, cette avancée renforcera l'I.A. à laquelle les cerveaux I.B. devront pouvoir répondre. Le mouvement ne s'arrêtera pas là et il est clair qu'I.B. doit absolument s'adapter à ce renforcement pour ne pas disparaitre.

La concurrence entre I.A.et I.B. est actée. La question est donc bien de savoir quelle contribution vraiment productive d'un emploi va pouvoir être assurée ? Le dilemme est que les chefs d'entreprises vont être tentés de faire appel de préférence à l'I.A. qu'aux cerveaux vivants au risque de minimiser les emplois humains, donc aussi les consommateurs.

La présence de l'I.A. et de ses suggestions va renforcer la formation de start-up. Dans beaucoup de cas la création de ces vedettes correspond à l'introduction d'un souffle initial dans une idée, suivis d'autres formant une cloque puis une bulle qui grossit jusqu'au point de résistance et ensuite éclate. Dans ce dernier cas, la bulle disparait et ses initiateurs avec ; mais, entre-temps elle peut attirer beaucoup d'espoirs et de pertes.

Il semble donc bien établi que le choix en cours de positionnement est irréversible. Depuis déjà un bon nombre d'années l'idée d'un renforcement cérébral permanent existe et il prend forme dorénavant sous l'aspect d'une technologie multiple : nano implants nouveaux s'accommodant de supports divers : puces nanoélectroniques ou submicroniques afin d'hybrider le cerveau humain. L'expérimentation dans le cerveau des souris d'une injection de ce type a montré l'existence d'une colonisation neuronale. D'autres possibilités sont à l'étude tels que les vaccins anti-accidents cérébraux. La neuro-technologie va se développer mais également des problématiques nombreuses à l'image de celle de notre cerveau qui pourrait fort bien, technologiquement, devenir une « application » numérique capable de suivre et même d'orienter l'I.A. dans ses détours. Ce n'est pas tout de suite mais il semble bien que ce soit de deux ou trois générations tout au plus, c'est-à-dire l'équivalent de quelques quinquennats et vraisemblablement l'obstacle politique n'existera plus du fait de l'engouement absolu des hyper-technologies.

Les données qui sont la nourriture du numérique vont sans cesse s'amplifier et révéler les inégalités géantes montrant la structuration mentale de l'humain et de l'humanité. Cet élément gigantesque de la connaissance sera au service des seuls mastodontes pouvant les stocker, les analyser, les « algorithmer » et finalement disposer du constituant des prothèses cérébrales dont il a été question plus avant. Cela n'est pas non plus pour demain mais rien à présent ne peut l'exclure des possibles.

Pour revenir au contemporain des forces numériques on doit noter le développement fabuleux apporté aux manipulations des masses financières assurant le fonctionnement pratique et transactionnel du monde. Il s'agit d'un changement profond en provenance de la rapidité des informations et des transactions créées par la numérisation des transmissions dans le cadre mondial. Les marchés financiers mondiaux qui sont des marchés d'in égalités financières et cérébrales se rééquilibrant par les performances des traders de plus en plus dopés. Le THF, trading à haute fréquence est leur outil. Il a été conçu en parallèle et en soutien de l'I.A. et s'adosse au principe des algorithmes électroniques afin d'enchainer les actions transactionnelles de la manière la plus précise et la plus rapide possible. Le niveau actuel de cette rapidité atteint plusieurs dizaines de milliers d'ordres boursiers par seconde à destination des plateformes boursières mondiales. L'objectif est de détecter les écarts de prix entre acheteurs et vendeurs de marchandises et/ou de valeurs mobilières. Le THF représente plus de 50% de la totalité des transactions des produits les plus actifs.

CHAPITRE 5

LES NOUVELLES
ALLIANCES

18. ALLIANCE OU ALLIAGE ?

Les évolutions permises par les accompagnants de l'inégalité et les transformations pratiques de la vie contemporaine sont l'expression, non pas d'une fatalité, mais d'une logique inhérente à l'humanité.

La coopération et plus précisément l'alliance qui s'est créée par la somme des Intelligences B. et A. est finalement l'expression de la logique cérébrale. Depuis les temps les plus reculés, et on peut dire depuis l'apparition du vivant sur Terre, une seule et même tendance n'a jamais eu d'arrêt, n'a jamais cessée d'avancer vers la recherche d'une plus grande quantité, d'une plus grande connaissance, d'une plus grande quantité de biens ou d'espoirs. Jamais le cérébral ne s'est arrêté dans cette trajectoire et quels que soient les domaines d'activité jamais ne s'arrêtera. Pas plus aujourd'hui que demain ou hier.

L'accélération que l'on constate actuellement est déjà, il faut le répéter, le résultat de l'alliance permanente entre I.B. et I.A. et pourrait se transformer en alliage. C'est peut-être ce changement de deux choses pouvant encore se contrôler, en une seule qu'il ne le sera plus, que l'humanité doit absolument éviter puisqu'elle en a les moyens en elle-même. La première condition est d'avoir pleinement conscience de l'enjeu et de l'importance du risque plusieurs fois évoqué du Ciborg et consorts. Ensuite, la maintenance d'une coopération impliquant une stimulation du cérébral biologique, confirmant sa supériorité foncière sur l'I.A. et son rôle de modérateur est vitale.

Peut-on avoir le choix ? Peut-on au moins choisir ses paliers ?

La formidable avancée des forces économiques, financières, numériques, informatiques, sociétales… qui est à l'œuvre apporte la réponse par ses exemples de structurations inégalitaires.

Outre les exemples déjà présentés, le préambule actuel de l''Histoire Numérique du monde » est la préparation de la « Renaissance » d'un nouvel essor intellectuel de l'humanité qu'il va falloir comprendre et accompagner par toutes les forces disponibles. L'arrivée d'apports constants montrant l'influence des inégalités sur la prise de décisions stratégiques dans les domaines les plus divers de l'économie et même de la politique illustrent la puissance du mouvement fondé sur la simultanéité, pour ainsi dire, des mini révolutions observées partout. Elles apportent une transformation de la pensée qui n'est plus enfermée dans l'abstraction mais qui a la possibilité de devenir immédiatement productive par transposition pratique. Un exemple remarquable est celui de l'évolution de la demande des compétences directement liée à l'emploi. Il est évident que l'emploi des robots dans toute production industrielle va se développer sans cesse et que les robots eux-mêmes vont, malgré tout, connaitre le vieillissement à la fois par l'usure technique et par l'usure ou l'obsolescence technologique. Les emplois humains remplacés par les robots vont entrainer deux conséquences : la première est que les offres d'emplois physiques vont s'effondrer au profit d'emplois de compétences techniques et technologiques d'entretien et de surveillance. La seconde est que ce sont les performances humaines qui vont être appelées à venir « soigner » les robots en perdition à condition qu'ils en aient les capacités et donc formés aux fonctions logiciels et algorithmiques. Ce qui ramène à une nécessité spécifique de l'enseignement et de la formation professionnelle. On peut toutefois s'interroger sur le parallélisme qu'il sera nécessaire de maintenir entre l'avancée des outils artificiels et les compétences professionnelles qui vont passer d'ouvrier à spécialiste ou expert.

Comment concevoir les exigences nouvelles de l'emploi sans développer simultanément les inégalités ?

L'inégalité des niveaux a toujours structuré le marché de l'emploi et il est difficile d'en être autrement. Par conséquent, un nouveau type de « plateformes d'applications » s'épanouira, spécialisées dans les compétences informatiques et numériques professionnelles : en somme, un « pôle emploi » en poche.

19. LA RONDE DES METIERS ET DES ENTREPRISES

Les métiers très classiques continueront de bénéficier de possibilités de transferts au gré d'avancées technologiques ou scientifiques plus ou moins rapides. Ils résisteront au prix d'algorithmes réducteurs d'emplois dans toutes les tâches. Aucun métier ne pourra maintenir les performances compétitives exigées sans avoir recours aux machines. On peut donc prédire sans risque que dans cet avenir de long terme relatif, les métiers disparus seront remplacés par des emplois, encore inconnus dans le détail, mais qui dépendront essentiellement de capacités cérébrales conformes aux tendances logiques de l'augmentation intellectuelle, fondée sur les technologies électroniques, informatiques et informationnelles ; beaucoup moins sur les savoirs précédents classiques.

Le nouvel avenir se présente avec un double horizon génomique. D'abord, Celui d'une mobilisation de compétences pour accompagner et contrôler les machines qui disposeront chacune d'un cerveau artificiel, c'est-à-dire répétitif, mais d'une puissance d'évolution permanente et infinie à l'image de celle des serveurs ou des microprocesseurs obéissant à la loi de Moore. Ensuite le nouvel horizon du vivant qu'il faudra créer pour évoluer avec le cerveau artificiel. La raison est simple : la machine ne pouvant plus être concurrencée par l'humain, il sera obligatoire de la renouveler avec des performances augmentées par l'intelligence de l'homme, celle-ci elle-même « augmentée ».

La problématique peut encore être posée différemment : l'inégalité des entreprises, leurs forces et leurs faiblesses, sont le résultat, la configuration de l'inégalité des compétences de leurs composants humains. La maîtrise informatique de l'entreprise sera de plus en plus la clé de son succès technique et commercial. Le niveau de ce succès déterminera également son positionnement et son succès sur les marchés. Elle doit par conséquent se donner une capacité numérique qui fasse référence et pour cela chaque élément de son personnel doit se créer une identité numérique approprié à son poste *ET* au niveau d'ensemble choisi, obtenu, conquis ou imposé par le sommet lui-même de l'entreprise.

L'Entreprise doit, dorénavant être concrescente, assurant de façon structurelle sa croissance avec celle de ses personnels seul moyen d'établir et de conduire une stratégie, d'évoluer, de faire face et de s'opposer sans crainte aux adversaires de tous ordres.

20. PASSER DE L'IDEE AUX NOMBRES

La nécessité de faire corps avec l'évolution générale des compétences, son organisation, sa structure, ses effets et son importance ne peut pas se révéler et modifier les codes sans entraîner des conséquences sur la fonction sociétale et politique.

L'Augmentation' de la capacité cérébrale devient le premier défi technique à résoudre. Ce n'est plus un choix de principe mais une évidence de caractère personnel, collectif et national. Accroitre l'identité neuronale individuelle est déjà un ressenti collectif puissant. Le débat n'est plus sur le principe mais sur les moyens. Ceux-ci ne sont pas très nombreux. Il s'agit d'hybrider le cerveau par des implants, des puces, des vaccins, des prothèses cérébrales ou ondulatoires... Autant d'artefacts donc, conçus par l'intelligence biologique (I.B.) pour s'auto-améliorer par des moyens artificiels pas ou peu invasifs. En cela se retrouve l'impérieuse nécessité du « Plus « imposé par le cerveau pour réaliser à présent sa valorisation avec l'aide numérique. Selon les développements scientifiques en cours, cette valorisation pourra se réaliser pendant ou après la fécondation selon le type d'hybridation choisi. La France, la Russie, l'Amérique, la Chine, l'Angleterre, le Japon, les « FRACAJ » ou pays *augmentateurs*, disposent chacun de leur panoplie d'interventions, ce qui confirme que le choix n'est déjà plus dans l'éthique mais dans les moyens. Ce sont eux qui vont avoir la responsabilité de la qualité évolutive du monde et de la moralité du monde.

Les débats ne manqueront pas mais il est certain que la performance de l'hybridation choisie sera la mesure qui définira le gagnant. Le positionnement politique n'aura pas d'autre choix que d'entériner la médication cérébrale gagnante, constatant et garantissant le bon fonctionnement des parties dans leurs liaisons, interdisant toute fusion et tout alliage. Les cerveaux récepteurs disposeront du choix concurrentiel, par conséquent inégalitaire, de leur hybridation,

Cette évolution structurelle de caractère scientifique international, prendre définitivement corps et forme vers 2050, soit trois ou quatre décennies, laps de temps au cours duquel se préciseront et se perfectionneront le plein développement technologique de cette hybridation dans tous les pays 'augmentateurs'. Malheur à ceux qui ne s'y seront pas ou insuffisamment préparés.

21. L'ANTICIPATION SOCIETALE ET POLITIQUE DU NUMERIQUE.

Le temps est donc arrivé de se préparer à utiliser, à satisfaire les cerveaux augmentés dont l'économie a déjà besoin. Ce seront les pionniers de la création d'une nouvelle valorisation de la pensée devant entrainer les partenaires politiques. Ceux-ci doivent donc également se forger une identité, une capacité numérique permettant de comprendre et d'accompagner les nécessaires adaptations législatives au développement et à la promotion des anticipations structurelles des entreprises. Ces dernières se trouvent confrontées aux marchés internationaux et aux nouveaux savoirs des entreprises concurrentes « augmentées ». Si l'enjeu est bien de réussir le plus rapidement possible le basculement dans l'économie numérique, le risque de perdre est totalement dépendant de la réussite rapide et généralisée de « l'augmentation ».

L'anticipation de l'économie numérique n'est plus une éventualité et doit être traitée comme une réalité. Elle n'est pas non plus une concurrence entre les capacités de l'Intelligence Artificielle et de l'Intelligence Biologique, mais une alliance indispensable. Une autre question des plus importantes est celle de savoir qui sera le gagnant de la bataille algorithmique colossale ne pouvant déboucher que sur une domination numérique partagée entre deux colosses. La bataille est engagée et les combattants principaux sont les FRACAJ, bataille intercontinentale par conséquent et bataille entre géants dont l'arme principale est algorithmique. Dans quels objectifs, avec quelles stratégies ?

Le concept de l'augmentation cérébrale généralisée dans les populations, longuement évoqué dans ces pages, est encore et appartient au domaine de l'idée. Il possède cependant une réalité puisque la toxicomanie issue de produit basiques naturels existe depuis la nuit des temps. La grande différence est le passage du stade naturel au stade scientifique et que celui-ci est prêt à se concrétiser. Mais comment toute une population moderne pourrait-elle être effectivement « augmentée » ? | Surtout, dans quelles conditions de temps et de niveaux l'opération pourrait-elle se réaliser et conserver une grande harmonie avec les gènes existants, c'est-à-dire maintenir l'homogénéité intergénérations sans développement d'inégalités monstrueuses ? La nécessité de l'augmentation générale se heurte ainsi à la praticabilité de la mise en œuvre et de la disponibilité suffisante des praticiens opérateurs compétents.

Dès lors « l'augmentation » va se réaliser, mais de manière fatalement restreinte, dans des limites pratiques très réduites et analysées en permanence dans tous ses effets : Responsables et techniciens de haut niveaux d'abord...

Un décalage colossal se prépare donc entre les pouvoirs gigantesques des applications numériques et algorithmiques de quelques-uns et le gros des populations qui resteront ignorantes très longtemps encore. Cet énorme décalage se construit déjà, lentement mais régulièrement, masqué par la mise en valeur d'une communication populaire outrancière cherchant à faire partager des réalisations, sans doute intéressantes, mais d'un niveau et d'une portée sans commune mesure avec les réalités que le *Nombre* impose peu à peu.

22. L'INEGALITE DES POPULATIONS ET DES POUVOIRS

Il y a ce que le corps permet et autorise et ce que le cerveau demande. En élevant au maximum de leur puissance les termes de cette évidence on éclaire le décalage évoqué ci-dessus mais aussi le gouffre dans lequel la démocratie semble s'auto-engloutir. Quelle force politique quelle puissance populaire pourra rivaliser avec le pouvoir numérique de quelques-uns et sa croissance amplificatrice et incontrôlable ? Comment ne pas considérer comme déjà acquis que la politique économique des états n'est pas en route pour rejoindre l'esprit des entreprises géantes du Nombre appelant l'irrésistible naissance d'un nouveau monde cérébro-numérique ?

La conséquence première des décalages est que la représentativité populaire n'aura plus grand sens, sera réduite, à une sorte de mendicité sociale. De même qu'à l'Église Dieu se fait mendiant, la population sous-numérisée ne pourra guère que réclamer le respect des derniers droits existants en contrepartie d'une pâture numérique toujours innovante pour contenter le cerveau demandeur...

Le nouveau monde se construit incontestablement avec et entre pays augmentateurs et eux-mêmes augmentés par leurs colosses. L'inégalité dominante préside cette évolution, son influence étant incontournable sur l'élaboration des décisions stratégiques.

Malgré leur puissance et leur implantation mondiale les « géants » ne sont pas encore prêts à tout. Géants numériques et quasi-politiques occidentaux et orientaux, chacun a ses avantages exclusifs mais aussi ses faiblesses et aucun n'est encore absolument prêt à oser le grand pas de la prépondérance du Pouvoir « de » et du Pouvoir « sur ». Quelles en sont les causes ?

Les nouvelles forces économiques crées par les géants du type 'GAFSA' en <occident et BATX en Orient, développent dans tous les domaines d'activités de telles énergies nouvelles et capacités neuro-mentales qu'ils ne parviennent pas à discerner avec précision les limites périphériques de leurs territoires respectifs. Ils sont eux-mêmes confrontés à l'épreuve, au jugement de valeur du pouvoir de leur option numérique.

Chacun a donc ses couloirs, ses perspectives ses ambitions et ses projets qui font souvent la jubilation des médias émotionnels, mais qui indiquent les tendances, les finalités et, en point d'orgue l'affrontement des puissances numériques et économiques qui n'ont plus le même langage ni la même notion des évènements : ils ne sont plus en cohérence dans la détention et l'usage d'un destin économique favorable associé au pouvoir politique.

23. EN OCCIDENT, et plus précisément en Amérique du Nord, la gestion de cette association se traduit actuellement à la fois par les décisions du Président de caractère international et les décisions très nombreuses de l'exécutif économique en provenance de la structure administrative. Les choix s'effectuent toujours en fonction de deux priorités : la sauvegarde du passé et de l'acquis industriel majeur et le développement des opportunités et perspectives numériques connues et en attente. La première est portée par la formidable Administration influencée par les lobbys ; la seconde est celle   de la puissance californienne. Dans le premier cas c'est la puissance commerciale, la richesse et la domination financière des USA qui forment les leviers de l'action politique et celle du Président.

Dans le second cas, ce sont les prouesses et les avancées des autres pays à développement scientifique et numérique forts qui influencent actions et réactions américaines.

Toutefois, il n'apparait pas d'assemblages étroits entre ces deux forces structurellement dominantes. La Constitution américaine (et donc le Congrès) étant garante du traditionnel, mais orpheline de l'action numérique, ne peut rien concernant la formation des Présidents, leurs souffrances morales et physiques, leurs dégâts caractériels et leur génome. Tout cela cependant se retrouvent dans les décisions du Pouvoir présidentiel, quel qu'en soit le détenteur, mais aussi dans la confrontation avec les autres Chefs d'Etat détenteurs eux aussi du Pouvoir et de leurs propres spécificités antécédentes.

Globalement, on peut en dire autant de l'Europe. Elle possède et conserve jalousement ses ancestrales structures économiques qui constituent, comme aux USA, un réservoir d'emplois traditionnels d'intérêt politiquement majeur. Une différence essentielle existe avec les Etats-Unis : celle des structures numériques. L'Europe est un réservoir de données valables pour l'Amérique mais en retour ne l'alimente nullement en informations algorithmiques essentielles. Les alliés économiques ne disposent donc pas des mêmes armes et ne peuvent en aucune façon débattre dans les mêmes conditions. Il n'y a pas plus de connivence mentale ou de rapprochement entre les tenants des pouvoirs européens, aucun d'entre eux n'ayant de formation identique, comparable ou ressemblante. La traduction coûteuse de cette situation est que face aux USA alliés l'Europe produit un nombre d'innovations extravagant, issues en majeure partie des résultats ou retombées californiennes. En finale, il y a le fournisseur américain et le fabricant européen qui aménage l'indispensable venu d'ailleurs. Un autre triomphe de l'inégalité en elle-même.

24. EN ORIENT, au rythme actuel de sa trajectoire il faut encore 30 ans à la Chine pour atteindre la maturité plénière de sa puissance. Ensuite, il est très probable que rien ne pourra lui résister et en tout cas, peu de choses pourront la surpasser.

La Chine revient donc de très loin puisque selon les statistiques OCDE, elle était en 1950 le pays le plus pauvre du monde sur la base du PIB par habitant, deux fois inférieur à celui de l'Afrique. En 2010, ce même PIB était 4 fois inférieur à celui des USA contre 20 fois en 1950. Elle est en 2018 aux portes de l'équivalence.

L'objectif annoncé de la Chine est de s'établir comme une Autorité incontestée dans la communauté mondiale. Sa feuille de route est composée de deux grandes périodes à objectifs différents mais finalement convergents : modernisation socialiste qualitative et quantitative de toute l'économie jusqu'en 2035 et ensuite, jusqu'à 2050, harmonisation du social organisé avec la civilisation numérique, dont la capacité à cette époque devra être identique à celle de l'Amérique.

La Révolution Maoiste a apporté comme succession politique une volonté globale de transformation lente, douce, totale, mais continuelle. Cette traversée dans le temps de la transformation nationale a pour objectif la modernisation technique et sociale de toute l'économie fondée, en outre, sur un développement solide de la « classe moyenne », passant de 100 à 350 millions d'individus, tous passionnés par l'informatisation et la croissance numérique dans tous les domaines de l'activité. D'où la naissance et la fulgurance des BATX (Baidu, Alibaba, Tencent, Xianomi), contrepartie des GAFA américains. Ce qui implique également une modification profonde et continuelle des structures sociales et politiques, totalement maîtrisées par le gouvernement du PARTI ; Et ceci d'autant plus que la rénovation sociale est conduite et réalisée fermement, améliorant chaque année réformes et fiscalités entre Régions et en même temps unification des régimes de retraites.

Cette évolution globale organise et entretien une vision internationale tentant un rapprochement multilatéral avec les pays européens au travers d'infrastructures gigantesques. L'une est terrestre, « La route de la soie », empruntant l'Asie Centrale ; l'autre tend à relier la Chine à la Méditerranée et à l'Afrique où ses intérêts sont de plus en plus importants.

Les ambitions de la Chine à l'horizon 2050 visent l'insertion des principaux pays asiatiques dans son influence. Cette stratégie est en cohérence avec ses visées occidentales évoquées, mais aussi avec la création d'une sorte de rempart à la progression de l'influence indienne qui peut connaître une explosion de ses forces économiques et technologiques. Ce positionnement stratégique global est dans la logique des capacités générales chinoises à l'exception de ses capacités financières apparemment considérables mais de peu de poids au niveau mondial. Les moyens financiers, techniques, technologiques, informatiques et numériques ne dépendent pas de la seule volonté stratégique présentée par le Parti Chinois. En 2020 et pour au moins une nouvelle décennie, la Chine ne peut pas disposer seule des moyens indispensables à la réussite de ses ambitions. L'Occident ne peut pas perdre ses marchés orientaux et l'Asie ne peut pas se couper des ressources occidentales dans leur ensemble. Là encore, les inégalités existantes vont dominer le jeu stratégique des deux grandes parties du monde.

25. QUERELLES ET DESORDRES : Les guerres en réserve.

Les conditions et circonstances mondiales issues de la science et de la technologie des cerveaux offrent ses chances à chaque grande collectivité humaine. La Renaissance, cette fois scientifique du monde est en marche.

La grande querelle et le désordre présidant au fonctionnement de l'économie mondiale sont le fait de la manipulation des leviers du protectionnisme et du libre-échange au gré des vents. A la mi-2018 le coup de vent protectionniste des USA est sérieux et n'est sans doute qu'un commencement. Le libre-échange n'était plus possible du fait de l'importance des inégalités actives, notamment dans les domaines scientifiques et technologiques. La matière grise première ne peut pas être pompée librement sous forme de trahison désinvolte sans rapidement susciter des soubresauts forts. Les contreparties sont donc nécessaires et doive nt être précisées, c'est-à-dire que le libre-échange est fermé pour une période de durée inconnue.

Le protectionnisme doit être spécifié et non généralisé, tout comme la liberté du commerce international doit être précisé et limitée pour éviter la création de profits scandaleux.

Le réformisme qui est en cours dans tous les pays est la suite expérimentale et administrative des modifications innombrables intervenues depuis la crise de 2008-2010 et le développement techno-numérique. Il est même devenu très contagieux, aucun gouvernement, aucun pays ne voulant prendre le risque d'une immobilité refusée d'emblée par les citoyens. Des réformes structurelles s'engagent dans tous les pays afin de maintenir partout, ou tout au moins d'essayer, de mettre en place une économie aussi concurrentielle que possible, appelant souvent des réformes politiques conjointes, difficilement équilibrées en égalités ou équivalences.

Les querelles et les désordres découlant de ces réformes seront difficiles à apaiser et à dominer. Un exemple est évidemment celui de la Zone Euro où la problématique principale est de savoir sur quels principes réformistes sa gouvernance pourrait être améliorée, sur l'essentiel et le fond. Pour parvenir à un accord vraiment « historique » sur ce point, c'est-à-dire profondément réformiste, il faudra beaucoup de temps et une urgence constituée.

CHAPITRE 6

LE CHANGEMENT

CAPITALISTIQUE

26. UNE ERE HYPER ECOLOGIQUE ET DURABLE

Il est beaucoup question d'une « nouvelle ère » un peu partout dans le monde, sous entendant un nouveau point de départ central. Celui-ci se trouve dans les potentialités du Code de la Renaissance Numérique auprès duquel tout doit se rapporter. La France et les grands pays sont, avec les déroulements sensationnels techno-numérique, dans l'obligation de renouveler complètement leur fonctionnement économique d'ensemble. Il faut insister sur ce que ce renouvellement implique : il ne s'agit pas de réformes dues à des maladresses, des erreurs politiques ou sociales et d'y faire face en simples adaptations à l'évolution, par modification ou création de nouveaux textes législatifs. Il ne s'agit plus d'accompagner le passé mais l'avenir.

L'arrivée dans cette nouvelle ère signifie l'entrée dans une structure naturelle nouvelle, un « écosystème » humain commandé et dépendant du système neuronal, quoi de plus écologique ? La compétitivité cérébrale humaine n'a pas de limite, tellement énorme et infinie qu'aucune imagination « perso » n'est en capacité d'apporter une précision quelconque sur ce que seront les composants véritables de la « nouvelle ère ». L'économie a déjà connu de telles modifications de ses valeurs en une dizaine d'années que l'important n'est plus dans le commerce des produits mais dans celui des performances de l'esprit pouvant être estimées et définies selon l'analyse numérique. A la simple Valeur Ajoutée, s'ajoutera bientôt la valeur ajoutée numérique.

Dans peu d'années, tout individu numérisé, avancé, disposera de sa propre plateforme   préfiguration d'une accélération foudroyante de la Renaissance Numérique, traitée plus loin dans son ampleur. Présentement, seul l'Etat chinois a décliné et possède son long terme numérique dans l'esprit national et l'acceptation quasiment inconditionnelle des générations matures ou en cours de maturation.

Aux États-Unis, l'esprit des géants historiques californiens et ceux en cours d'évolution sont les fers de lance de la civilisation et de l'ère numérique dont le « Pouvoir » américain est le facilitateur puissant.

Comment l'Europe, comment les pays européens vont-ils s'organiser, se mutualiser pour être véritablement présents dans l'ère numérique ? Comment vont-ils penser et trouver la réciprocité avec la technologie numérique, mais aussi   avec les acteurs industriels dominants de l'informatique et du numérique ? En somme, comment réfléchir aux effets de la mondialisation numérique, à ses forces et puissances d'animation ?

L'antécédent et le conséquent vont se présenter comme les deux pôles politiques de contrôle et d'animation de l'ère numérique d'où ne peuvent être exclus ni les scientifiques, ni les multinationales du numérique.

Que représente et quelle est la réalité pratique de l'ère numérique ?

Le numérique est le point de départ de l'algorithme et de l'intelligence artificielle, comme la 'donnée' est le point de départ de tout raisonnement.

Le 'numérique' est donc l'outil *nombre* qui permet l'existence et le déploiement des algorithmes se traduisant pratiquement par l'innovation de l'intelligence artificielle dont le système nerveux « cœur et neurones » se trouvent dans le schéma algorithmique.

Le Numérique est l'objet formel qui devance tous les autres : il possède une existence indépendante de la connaissance dans le déploiement des 5 sens au travers de son aboutissement : l'Intelligence Artificielle, I.A.

La trajectoire que réalise le numérique jusqu'à l'I.A. ne va cependant pas toute seule. Le mot « numérique » possède sa raison d'être, sa pensée, sa méthode, ses facultés puisées dans l'intelligence biologique naturelle qui lui apporte sa justification. Une fois encore, l'I.A. trouve l'argument de sa vie dans le numérique qu'elle ne quittera jamais.

La technologie a procuré une telle force au numérique que l'engagement de son action a permis la transmission de ses possibilités à l'I.A. : la transmission de la raison par le nombre a créé l'I.A. qui ne pourra plus jamais en faire abstraction : elle est arraisonnée…de même que le citoyen se trouve émancipé par le numérique qui lui permet de le relier et de le connecter à toutes les liaisons permises et offertes par Internet : c'est une transformation fondamentale du lien entre les individus.

Cette base de fonctionnalités et de productions numériques a donné naissance en moins de 10 ans aux100 plus grandes sociétés du monde représentant à mi-2018 une capitalisation de 20 000 milliards de $ US. En contrepartie, on peut considérer qu'environ 20% de la main d'œuvre mondiale, soit plus de 500 millions de travailleurs seront concernés par les effets de la mondialisation numérique : il y aura des victimes, mais le numérique sera aussi pour chacun une possibilité d'en faire valoir ses capacités. Ce qui donne toute leur importance aux questions précédentes.

Une première réponse acquise début juillet 2018 a été apportée par la signature d'une série d'accords de coopération bilatérale numérique entre la France et l'Angleterre. L'objectif est de parvenir a créer une économie numérique performante et inclusive en associant le maximum de chercheurs et les grands organismes scientifiques et de Recherche.

Cette première réponse est sympathique mais il est clair que le niveau reste théorique et que la maîtrise effective du tout numérique déjà en application par les géants internet de la consommation, de l'information, des services et de l'industrie nouvelle ne se laisseront pas facilement rattraper. D'autant plus et surtout qu'à ce point la politique est déjà entrée dans le jeu : les USA et la Chine par la voix et la stratégie globale de leur leader imposent les règles

de leur jeu, ce qui signifie que l'ère numérique est aussi celle de la politique numérisable : *sa Factorisation ?*

27. NUMERISATION DU MONDE : L'AMOUR IMMODERE DE L'I.B. POUR L'I.A….

L'information quotidienne, courte et rapide, sur les avancées informatiques et numériques font l'objet d'une concurrence de visionnaires amateurs : quelles sont les conséquences sur l'avenir plus ou moins lointain de l'I.A., de l'avalanche des objets connectés, de la surpuissance des ordinateurs, de l'invasion robotique, des super-téléphones ? ….Sur ces interrogations et beaucoup d'autres, les réponses sont le plus souvent très restrictives et émotionnelles plutôt que vraiment informatives. Beaucoup de nouvelles et d'annonces tonitruantes sont sans lendemain. Par contre, fleurissent toutes sortes d'institutions privées ou officielles pour s'emparer de l'actualité informatique et de ses prolongements possibles. Promesses et hameçons mentaux fusent de partout.

Le numérique, à la fois mot et application, repose sur du matériel et c'est cela l'important : c'est à partir du contenant, du contenu et du sens que le matériel spécifique se développe et peut créer d'innombrables schémas mentaux apportant l'évolution ou la rupture éclatante aux effets insoupçonnés. Dans les pages précédentes ont été soulignés les progrès sensationnels réalisés tant par les ordinateurs que par les matériels composés de fonctionnalités numériques de pointe.

INFORMATIQUE : le mot a été créé en 1962 par Ph. Dreyfus, issu de Télématique désignant le transport de millions d'informations sur réseaux et de Mathématique. Ensuite, « informatique » a dérivé sur « numérique » qui va exprimer la masse d'activités en croissance exponentielle liées au nombre et à la numérisation. 'Informatique' a renforcé son sens conceptuel et de son côté 'numérique' couvre, pour ainsi dire, tous les progrès et dérivés de l'informatique, ce qui confirme son sens universel de l'évolution. En attendant peut-être un substitut un jour ...

Ce qui me semble essentiel est de souligner que la naissance des concepts, des mots et de l'attributif « intelligence artificielle » provient directement de l'intelligence « B » biologique ou 'naturelle'. Celle-ci approvisionne sans cesse en nouveautés, en expansion et en suffisance sa création l'I.A. qui lui est indispensable pour progresser plus vite et plus loin : l'objectif de « B » ne peut être satisfait que par « A » dont la démonstration logique et mathématique est existentielle.

Une première évolution, permanente et systémique est celle des circuits sans lesquels aucun matériel informatique ne pourrait fonctionner. La   loi de Moore, connue de tous, a sécurisé la fonction évolutive des circuits depuis des décennies mais n'est pas encore obsolète, malgré certains discours. De plus, elle n'est pas le seul élément de l'évolution informatique en général et du numérique dans ses multiples bifurcations. Néanmoins, l'information disponible laisse penser qu'on est à présent proche des limites physiques et économiques de la taille des composants, des couches de transistors et des couches de connexions. Les prouesses, remarquables, des chercheurs connaissent actuellement une autre limite, celle de la chaleur, tant au cœur des composants qu'à l'intérieur des circuits dont on ne peut plus, et depuis déjà longtemps, accroître la vitesse. Tout ce qui dépendait de la loi de Moore va donc, pour de multiples considérations, fatalement ralentir son rythme et solliciter de nouvelles recherches pour prendre la relève et continuer l'évolution.

Les chercheurs s'orientent maintenant vers le développement des circuits 3D, sérieusement handicapés eux aussi par la chaleur produite. D'autres pistes, comme les memristors, résistances à mémoire, ou les circuits neuronaux inspirés par les travaux et recherches sur l'apprentissage automatique et la stimulation cérébrale, vont également doper chercheurs et scientifiques dans la recherche infinie des technologies de base, nouvelles ou adaptées. A tout cela vont aussi s'ajouter et se développer l'immense problématique du stockage des données et leurs difficultés technologiques. La solution est toutefois certaine parce que l'I.A. en a besoin pour continuer à disposer parallèlement des moyens dont l'intelligence naturelle « B », doit disposer pour nourrir toutes les applications de l'I.A. en perspectives.

28. ... LA RECIPROCITE DE CET AMOUR EST LE GAGE DES PERFORMANCES

La masse de plus en plus considérable de données obtenues de tous, de partout, également par la physique, la génomique, les grands réseaux...mobilisent les technologies modernes de stockages : disques, bandes magnétiques, mémoires de toutes sortes, ... A l'évidence, arrivera qu'il ne sera plus possible de tout conserver ; alors, quelles données privilégier ? quelle pérennité pour les supports et comment les utiliser ? Le « nuage » a été inventé : le « cloud stockage », c'est-à-dire une colonie d'ordinateurs situés partout dans le monde et bien sauvegardés. Mais quelle certitude avoir quant aux données personnelles situées dans ce « nuage », quelle pérennité auront-elles ? avec quelles facilités pourra-t-on les récupérer en cas de besoin ? On peut imaginer facilement le risque et les problèmes pour les entreprises, les institutions de diverses natures qui n'ont pas d'autre recours de conservation...

Pour recevoir et utiliser les avancées des circuits, les matériels informatiques vont eux aussi structurer leur évolution. Les ordinateurs industriels, domestiques ou embarqués dans l'automobile, l'aviation, la marine et bateaux privés, les transports... sont amenés à modifier leur architecture pour loger les assemblages, les circuits, les mémoires et interfaces : toutes sortes de boitiers verront le jour et pourront être embarqués dans n'importe quoi, tout en augmentant constamment leur puissance : absolument tout pourra être embarqué et connecté.

Au sujet de ce qui est nommé « superordinateur » leur contenu est passé de centaines de milliers, puis de millions de processeurs, pour atteindre en 2018 1 Exaflop , c'est-à-dire une capacité de 1 milliard de milliards d'opérations à la seconde (déjà indiqué plus avant).

La Chine, qui a déjà dépassé ce niveau continue d'avancer et va surpasser les USA dans ce domaine.

Il y a aussi les ordinateurs quantiques, dont il est beaucoup question, mais l'extrême difficulté de leur mise au point pour un usage permanent et général ne permet pas d'envisager leur mise en service avant une ou deux décennies.

Le certain est par contre le développement, puis l'invasion dans la vie courante des logiciels classiques, des objets informatisés, des téléphones-TV, des tablettes à tout faire de toutes formes, pour tous âges, pour tous usages. D'où la nécessité en parallèle de disposer de nouvelles batteries et piles indispensables au fonctionnement de tout objet informatique ou numérique : c'est le stockage de l'électricité, tant attendu et tant difficile.

Un simple effort de réflexion montre enfin que tout se prépare, très lentement mais très sûrement, à un couplage profond des cerveaux qui à la fois rejoint, mais va bien au-delà de l'intelligence renforcée (ou augmentée), et qui pourrait être un gage de réduction relative des inégalités. Il faudrait pour cela que l'accès à la plénitude numérique ondulatoire pour tous soit possible et de nature Constitutionnelle dans le monde. Cette actualité se présentera peut-être dans le courant du XX2ème siècle.

Un autre sujet lié au précédent, qui me parait fondamental, est celui de la « traduction ». Le passage d'une langue à une autre est au centre du couplage des cerveaux, encore faut-il que ce passage, cette traduction ne soit pas celle d'un « mot à mot » frisant parfois l'absurdité. Il faut non seulement que les traducteurs comprennent parfaitement le sens et les nuances des textes qu'ils ont à traduire, mais qu'ils tiennent également compte de l'évolution du style d'une langue à l'autre. Les traducteurs doivent donc être d'une grande compétence, ce qui est loin d'être le cas pour une majorité d'entre eux. Les systèmes informatiques fondés sur l'apprentissage profond peuvent être très utile présentement pour les traductions sur Internet, mais restent très insuffisantes pour discerner la nature profonde d'un texte ou de l'une de ses parties essentielles. Les défauts courants de la traduction sont d'autant plus sensibles qu'on ne sait pas encore comment fonctionne notre propre cerveau, ni comment s'organisent et créent le développement des idées. Les algorithmes classiques sont évidemment dans l'incapacité de produire des traductions allant bien au-delà du mot à mot primaire. La solution satisfaisante apparaitra certainement mais avec le concours des systèmes « exaflop » enrobé de pensée naturelle. Et ce sera un grand pas vers la compréhension universelle de l'humain total. Très probablement aussi que cette évolution mettra un terme, ou tout au moins réduira drastiquement le nombre de langages de programmations...

29. LA PREUVE...

L'Intelligence Artificielle /I.A./, est le produit d'un immense effort collectif de l'intelligence naturelle dont le besoin est à jamais inassouvi. Ce besoin est devenu tellement complexe qu'il faut lui apporter tous les secours pratiques qu'elle exige. L'intelligence naturelle est donc en cours de se doter d'une intelligence artificielle comme elle s'est dotée dans le temps d'armes de développement de ses capacités musculaires, du renforcement de sa vision, de ses prolongements mécaniques et électriques de mobilité et de vitesse... en somme d'une mécanisation totale du corps que son intelligence naturelle commande, contrôle et donne son sens à la « mondialisation ».

Le passage du système nerveux, dans son ensemble, à l'étape supérieure de son développement se réalise avec l'aide de l'arme de l'I.A., censée lui offrir la force seconde cérébrale lui permettant de découvrir et de maîtriser de nouveaux secrets de l'univers. Ceux-ci seront, comme les précédents, pilotés par la pensée humaine. Pas de limite non plus à la création de nouvelles inégalités qui font partie du lot générationnel.

Autre évènement. Les chercheurs, les spécialistes informatiques et numériques, finalisent l'apparition de la **5G** qui ouvre et va couvrir la troisième décennie du XX1ème siècle. C'est la descendance des quatre générations précédentes. C'est leur reproduction mais avec des spécificités et des puissances tellement considérables que l'imagination n'ose même plus se prononcer sur les effets sociétaux d'une connexité généralisée, de tout à tous, avant d'atteindre la dernière étape cérébrale. Elle est donc évènementielle. En plus, une particularité par rapport aux générations précédentes : le réseau 5G pourra s'individualiser sur de grands secteurs privés ou publics, tels l'industrie ou la santé. Et surtout, la fréquence 5G va ajouter à la prouesse technologique une prouesse politique dans le sens ou elle est soutenue et poussée par Bruxelles et que toute l'Europe sera équipée en 5G. Peut-être sera-ce là un élément fondamental pour parvenir à la cohésion européenne : la raison informatique l'emportera-t-elle sur la raison politique ?

Cette évolution historique numérico-informatique comment va-t-elle être vécue par l'individu et la société ? quelles vont être les conséquences de cette expérience et de son caractère « extra-ordinaire » ? Quels sont ceux qui vont pouvoir en profiter pleinement et acquérir les services et les objets de cette cinquième génération informatique, sans aucun doute beaucoup plus onéreuse que les précédentes à l'investissement comme à l'usage. Par conséquent, un facteur de créations d'inégalités d'une importance exceptionnelle : avec la **5G,** la co-gitation, la co-réflexion sur le moindre souci pratique, intellectuel, domestique, industriel, commercial...Pourra se transformer en « plateforme » innovante.

La **5G** renforcera d'évidence la modification de l'éco-système sociétal et l'attitude mentale d'une société dans laquelle l'effervescence des idées et leur concrétisation n'aura jamais été aussi facile. Cependant les suites de cette ouverture mentale massive et sa logique de conséquences et d'applications auront sans aucun doute des répercussions dans l'ensemble du fonctionnement politique et économique de la France mais aussi à des degrés divers de maturité, dans tous les pays avancés. En particulier et en premier lieu : un renforcement considérable des inégalités en structure, en ambitions et leur transformation en projets performants. Dès lors l'apparition d'inégalités humaines spécifiques et puissantes en émergences de la masse des inégalités. Dans cette coulée, l'>I.A. aura plus que jamais besoin du concours créatif de l'intelligence naturelle I.B., pour lui permettre son intégration sociale maximale et réfléchie.

30. LA CLE DE VOUTE DES INEGALITES EXISTENTIELLES

Cette informatisation de la société va, comme dans toute période historique, marquer son passage par un sursaut de performances dans tous les domaines. A commencer peut-être par les progrès des politiques financières et monétaires, indispensables aux développements des vraies exceptions productives, d'investissements gigantesques et parfois hasardeux parce que possiblement remplacés par l'arrivée de nouvelles 'ruptures'. Celles-ci nées quelque part dans le monde peuvent créer une interprétation surprenante de l'avenir concurrentiel modifiant le niveau des affrontements.

Les inégalités dans la connaissance et la maîtrise de l'informatique vont créer des fossés générationnels d'une ampleur inédite et par suite des conséquences insoupçonnées dans la conduite des affaires politiques et privées.

En structure, l'information et le calcul algorithmique sont les références fondamentales, permettant le développement des aspects scientifiques et techniques de l'informatique. Depuis la fin de la seconde guerre mondiale, les efforts incessants des savants, des chercheurs, des universitaires des logiciens… sont parvenus à élever le concept informatique à l'informatisation élémentaire de la société puis à son élargissement avec l'appropriation générale et organisée des données. L'informatisation de la société mondiale à des niveaux en croissance permanente est en cours.

La société humaine traditionnelle traduit le rapport des êtres qui ont en commun leur inégalité naturelle assurant tous les rapports conviviaux, les affrontements, leurs valeurs respectives et leur renforcement. C'est l'utilisation maximale des inégalités dans la recherche du progrès sous toutes ses formes qui conduit à l'expansion des sociétés et en leur confiance en elles-mêmes.

L'inégalité est originale mentalement et physiquement, ce qui lui assure son universalité, ses ressources, sa fabuleuse richesse humaine ; pour tout dire, c'est le capital de l'humanité. Pour des raisons historiques liées à l'incompréhension, les inégalités se sont confrontées sans cesse au cours de l'histoire : pour point de départ, toujours une inégalité puissante entraînant la foule inégalitaire au combat pour la recherche d'un progrès.

La société humaine avancée et maintenant informatisée tend à se transformer en communauté prenant conscience de ses valeurs, de ses solidarités, de ses contradictions propres aux inégalités fondamentales : l'ensemble étant garant d'une prospérité lente mais irréversible.

Ce renforcement structurel et naturel de la communauté informatisée repose sur son espace économique, organisateur de sa prospérité concurrentielle et reflet de la diversité générée par la somme des inégalités des forces mentales en concurrences mondiales. Dès lors, l'enjeu de la Communauté Européenne est de plus en plus clair et précis : elle représente 16% des exportations mondiales par rapport aux USA 12% et chinoises 17%. Il serait donc particulièrement intéressant de connaitre le rapport de ces pourcentages avec l'état de la numérisation en cours, y compris celle des objets et des plateformes dans chacune de ces Communautés inégalitaires.

L'apport et l'intérêt de l'informatisation sociétale est par sa nature à la fois horizontale et verticale. Le modèle des plateformes qui a pour finalité la mise en rapport de tout au tout est une clé majeure de la numérisation généralisée. La 5G va renforcer le processus de la création de valeur par élargissement et approfondissement du socle normatif de la productivité des entreprises industrielles notamment et qui en a grand besoin. Il en va de même pour les importantes sociétés de services dont la numérisation représente une multiplication infinie d'actions et d'interventions nouvelles d'innovations et d'incitations suggestives mais à la condition que les infrastructures d'accompagnement se créent et se développent en parallèle. Rappelons à cette occasion que les GAFA et autres références de même nature suscitent à présent admiration et craintes : mais il ne faut pas oublier que la mise en valeur de la Silicon Valley, leur création même et leur croissance ont bénéficié des faveurs, largesses et opportunités du gouvernement fédéral et continuent de profiter de ses énormes investissements dans la Recherche et l'I.A.

La structure inégalitaire sociétale est en elle-même un réservoir inépuisable de productivité cérébrale mais seulement si on lui apporte les moyens adaptés et nécessaires à son développement et les outils spécifiques de l'évolution : numérique et informatique.

Après avoir établi au travers de tout ce qui précède, l'inventaire, évidemment réduit, de la situation des inégalités dans le déroulement de la vie sociétale, de ses progrès, de l'expérience spectaculaire de la mondialisation, il faut franchir un cap important.

L'inégalité structurelle de la collectivité mondiale et de ses progrès va devoir maintenant faire face à une nouvelle expression informatisée de l'inégalité qui est de nature à complètement *réexprimer et traduire les forces inégalitaires exposées par les plateformes de recomposition et d'actions des différentiels humains.*

31. LA DONNEE INEGALITAIRE ET L'INFORMATISATION DES INEGALITES GEANTES

L'inégalité humaine est une donnée de la nature. Cette inégalité est l'assise de tout ce qui a été découvert dans le monde depuis son origine. La base, le fondement de tout progrès est l'existence d'une inégalité transcendée.

L'inégalité est originelle parce qu'elle existe dès la première manifestation de la vie : elle est donc un résultat de la génétique, une réponse héréditaire et par conséquent indéfinissable parce que multitudinaire. Par contre, l'inégalité apporte sa démonstration de manière permanente et recouvre toutes les manifestations de la diversité humaine induites par le cérébral et le sexuel. Son corollaire, l'inégalité des revenus ou des ressources masque ou amplifie l'inégalité générale et fondamentale produite par l'origine de la vie.

Placée au centre de la devise républicaine française, l'Égalité relève de la parfaite utopie et de la chimère politique.

Dès lors, ce qui ne peut être contredit est bien que l'inégalité est une « donnée » naturelle, à commencer par l'inégalité sexuelle : une grande méprise économique s'est développée en circonscrivant l'inégalité à celle des revenus, cette dernière n'étant en réalité qu'une conséquence « majeure », mais loin d'être unique. Cette erreur de diagnostic est grave parce qu'elle porte l'idée qu'une manipulation politique des revenus pourrait réduire les inégalités, ce qui est une imposture publique.

Le débat serait sans issue, continuerait son aporie depuis Tocqueville… Simon Kuznetz et beaucoup d'autres… si l'utilisation des algorithmes et de l'informatique n'avaient pas créé l'Intelligence Artificielle (IA.), dont il a été déjà beaucoup question.

La « *Donnée* » humaine inégalitaire est-elle modifiable ? NON si l'on veut aller contre nature ; PEUT-ETRE en mobilisant la technologie sans s'illusionner.

Il faut avant tout admettre et donc comprendre que l'IA est l'élément de pensée neuronale que l'on extrait de l'intelligence naturelle ou biologique (I.B.) pour le renforcer par des outils de la technique algorithmique. Ceci ouvre la possibilité d'une capacité de développement ou de manipulation des contenus originaux impossible à un cerveau normal. L'I.A est de la sorte une voie royale à la création d'immenses inégalités dans les capacités cérébrales initiant applications et innovations infinies dans la communauté humaine mondiale.

Le renforcement, l'exacerbation des inégalités des sens fait suite et accompagne les effets algorithmiques par ses corrélations avec la connexion d'une innombrable quantité d'objets de stimulation corporelle, sensuelle, mentale, mécanique, numérique ou informatique. Aucun espace de vie n'échappe à la « neuronisation artificielle », y compris celle entre tous les individus, de plus en plus étroite.

Ce sont sur ces fondements que l'avenir va se développer. Ceci rend ce dernier non seulement incertain mais impossible à concevoir, interdisant toute futurologie ou la limitant à quelques décennies selon les activités et les capacités d'agir humaines. En fait : le temps générationnel.

L'inégalité est la spécificité et même le propre de l'intelligence naturelle. Elle n'existerait pas sans l'inégalité des pensées. Elle est aussi la source inépuisable de l'intelligence artificielle (I.A.) et sa raison d'être. C'est l'intelligence naturelle qui a inventé il y a très longtemps l'algorithme, matière première de l'I.A. Cependant, ses difficultés et ses avancées sont résolues par les insondables ressources de l'intelligence naturelle.

Une double intelligence, ou si l'on préfère une intelligence doublée, existe maintenant dont on connait les grands acteurs mondiaux et l'éparpillement des forces, des possibilités et des illusions qui l'accompagnent. Ce « présent », on va y revenir mais il faut encore insister sur le fait majeur que l'inégalité est la composante originelle mentale et physique de tout ce qui vit et a imposé l'évidence de la « loi du plus fort » structurant le droit, y compris fiscal, depuis toujours.

Ceci implique de constater actuellement que le dédoublement technologique de l'intelligence renforce la civilisation des inégalités sans qu'il soit possible d'envisager ses limites ni la rapidité de ses expansions. Depuis toujours, le Pouvoir en place a été le fondateur et le producteur, après le droit naturel, du droit civil. Les inégalités sont dans ce droit depuis la plus haute antiquité et le privilège de tout pouvoir a été de l'organiser, de le structurer, de le sauvegarder en l'aménageant au gré des avancées de l'intelligence sociétale. Ce sont donc les inégalités qui ont contraint les individus à s'organiser « au mieux » et à se civiliser en se créant un processus historique perdurant de civilisations dont on doit assurer maintenant l'évolution algorithmique, ce qui n'est pas une mince affaire car tout en dépend y compris les relations internationales. Comment se présente le processus de cette évolution à historialiser ?

CHAPITRE 7

LE PERTURBATEUR

« INTELLIGENCE

ARTIFICIELLE »

32. REMPLACEMENT DE LA PERMANENCE PAR LA VARIABLE NORMATIVE

L'arrivée de la configuration numérique dans *la civilisation des inégalités* supprime quasiment la *'permanence'* des faits et des concepts. Le changement, l'interchangeable, la modification renforcent les inégalités du fonctionnement économique. Or, la suite logique de la réaction à une inégalité est sa comparabilité permettant son acceptation offrant un levier mental d'actions inédites, source de performances par le renforcement de la pensée et des idées. La suite logique est l'élaboration d'une offre de produits et services adaptés et constamment renouvelés. Cette mouvance cérébrale généralisée provoque la difficulté et souvent l'impossibilité de réaliser ou de disposer d'une prévision solide. L'arrivée inopinée d'une idée en réaction compensatrice d'une inégalité peut tout transformer à grande vitesse. Le risque est permanent et maximal dès lors que cette mouvance cérébrale est mondialement mécanisée par l'algorithmique et l'I.A.

Au niveau des dirigeants cette instabilité numérique qui fait grandir et produire adossée à l'I.A., suscite l'invention et la rupture par les innombrables possibilités d'applications et de valorisations, les unes entrainant les autres dans une progression sans fin. Une modification importante des habitudes de penser s'impose et doit se renouveler à l'aide de la puissance informatique disponible

Quelque soit le domaine de l'activité productive (et même politique), aucune stabilité ne peut donc plus exister. La concurrence cérébrale est souvent impuissante à dominer les flux de projets et de réalisations mondiaux en capacité de transcender soudainement n'importe quelles productions ou services.

Au centre de cette transformation de l'action économique en général, se trouvent les effets, les attentes, les possibilités de l'I.A. qui depuis 50 ans est régulièrement montée en puissance pour atteindre un développement d'une extrême rapidité. Rien d'étonnant au constat que l'I.A. soit considérée à présent comme la clé de toute avancée professionnelle et de toute victoire concurrentielle.

L'intelligence dédoublée est une chance et une puissance mais c'est aussi la certitude d'un renforcement et d'un élargissement (provisoire) des inégalités, en ligne par conséquent avec l'espérance de performances, portées par les espoirs de l'i.A.

33. LES DEUX MISSIONS CONTEMPORAINES DE L'I.A.

Celle de réussir la rencontre avec l'intelligence naturelle :
-Celle de réguler les performances et d'établir les conditions du compétitif.
Et une mission de civilisation performante supprimant à long terme les inégalités

L'arrivée de l'I.A. dans l'économie est auréolée de sous-entendus, de réussite, de prestige ou d'exploits loin de la réalité. C'est dire que l'attente est extrême et les fantasmes également. L'IA c'est l'intelligence naturelle augmentée par la technologie algorithmique ajoutant la rapidité, l'élargissement, la mémorisation extra rapides dépassant les facultés humaines, tout comme la rapidité des déplacements résultant des exploits mécaniques. Surtout, cette « augmentation » est utilisable simultanément par toutes les intelligences naturelles concernées créant le décuplement de son intérêt.
Appliquée à toutes les fonctions économiques l'I.A. est évidemment l'élément révolutionnaire évoqué plus haut du « prévisionnisme » restreint, ce qui va modifier énormément le

management des entreprises, toutes inégalitaires par définition et par conséquent nécessairement rivales. Cette rivalité est appelée à se poursuivre férocement puisque les mêmes outils pour booster la compétitivité sont et seront utilisés. Comme toujours les outils les plus efficaces dépendront des talents humains les utilisant pour les mettre en œuvre.

L'utilisation de l'I.A. s'impose donc dans le management à tous les niveaux de la conception et de la production. Le premier challenge est celui d'une réussite complète de la mise à l'œuvre. Exemples.
L'arrivée et l'entrée de l'I.A. dans les entreprises s'effectuent en douceur et correspondent dans un premier temps à une observation expérimentale : une observation des défis qu'une mise en place opérationnelle effective est susceptible de révéler tant dans les rouages de la production que dans les comportements des personnels de différents niveaux et de leurs appréhensions.

Toute arrivée et installation d'une tâche confiée à un mécanisme I.A. doit correspondre une prise en compte de ses effets pour apporter une précision relative au recrutement des collaborateurs et de leurs compétences à comprendre et faire évoluer l'utilisation de l'I.A. qui est toujours et avant tout un algorithme.
Pour chaque utilisation nouvelle de l'I.A. sous la forme de service ou de matériel plus ou moins complexe, l'analyse des impacts tant sur les personnels que sur la production doit faire l'objet d'un dialogue social adapté, d'appréciations, de perfectionnements ou d'avancement sur la gestion.

Au fur et à mesure de la pénétration de l'I.A dans les rouages essentiels de l'entreprise il y aura nécessité pour maîtriser et suivre cette évolution à former, à renforcer, à augmenter les capacités compensatoires des personnels concernés, en somme une forme spécifique au niveau de l'I.A. concernée.

L'arrivée et le positionnement de l'I.A. dans les entreprises, fatalement délicate et systématique, sera également concurrentielle : toutes les entreprises d'un même secteur professionnel devront être à l'unisson pour que leur rivalité sur le marché maintiennent leurs inégalités structurelles et inventives ou leur disparition.

Malgré la pression permanente imposée par tous les nouveaux modèles de fonctionnement numérisé de l'entreprise, le temps nécessaire à l'.A. pour s'accaparer de l'ensemble des rouages des entreprises d'une part et ensuite de la politique économique elle-même sera relativement long et périlleux.

Simultanément à cette arrivée de l'I.A. dans l'entreprise son développement, ses adaptations, son contrôle...devront être surveillés par de nouveaux collaborateurs recrutés et formés avec précision selon les besoins. Le DRH lui-même, pour assumer correctement son rôle et cette prise en charge sera essentiel. C'est dire, par exemple, qu'un Directeur Général Numérique ou « Chef Digital Officer » est quasiment indispensable aux grosses PME pour parvenir à réaliser et à adapter la couverture stratégique de l'entreprise par les collaborateurs choisis, répartis finement et constamment évalués.

La mise en œuvre effective de l'I.A. ne peut porter tous ses fruits que si elle est entourée et suivie drastiquement pour obtenir d'elle le maximum : ce sera une période probatoire. L'innovation est dans ce nouveau cadre une des retombées et des attentes principales de l'I.A. Le major responsable doit être en mesure et en capacité de susciter et de remuer non seulement les équipes de production, mais aussi celles des concepts, des recherches, du marketing afin de faire éclore tout ce qui peut présenter un élément de changement, de perfectionnement, de nouveauté dans toutes les phases du processus allant de la conception à la finalisation de l'objet économique : en deux mots, nécessité d'organiser la chasse à l'invention et à l'innovation.

Il y a plus. L'embarcation de l'I.A. dans l'entreprise appelle et exige l'obtention et le traitement de données, bases et point de départ de tout raisonnement économique et numérique. L'obtention de données et leur protection est donc également une autre obligation de taille confiée à un collaborateur de type inconnu jusqu'ici dans l'entreprise.
La suite logique du treillis humain accompagnant l'I.A. se poursuit avec la mise en place de responsabilités attenantes comme celle de la cybersécurité ; celle du choix et de la recherche des données dans le temps et dans la nature de l'information indispensable à l'utilité immédiate et à la pérennité globale de l'entreprise.

Un premier bouclage dans la chaîne du cercle rapproché des collaborateurs intimes de l'I.A. sera celui consistant à découvrir avec de nouveaux talents de nouvelles technologies, de nouvelles compétences pour élargir au maximum l'ensemble des outils productifs et commerciaux, les finalisant comme une dentelle réunissant les nombreux fils de l'IA pour construire de nouvelles dents, apportant le mordant vital toujours essentiel.

L'entrée de l'I.A. dans l'économie en général est donc un bouleversement à part entière et aussi un élargissement des inégalités : des métiers, des occupations nouvelles vont naître et se développer, d'autres vont décliner sous l'emprise de nouvelles fonctionnalités personnelles et entrepreneuriales.

Cette énorme modification sociétale créée par l'arrivée massive de l'I.A., non seulement dans les entreprises mais dans la configuration même de la vie citoyenne va revêtir une nouvelle forme, apporter un ensemble d'éléments, de connexions, impliquant une réflexion fondamentale sur les bases suivantes.

1). L'Intelligence Artificielle (I.A.) n'est pas si artificielle qu'on le dit et cela pour plusieurs raisons. En premier elle a été copiée sur l'intelligence naturelle pour structurer d'innombrable formes ou apparences.

2). L'intelligence naturelle a été analysée au 13è Siècle par un savant persan nommé AP KHWARIZMI. A force d'observations et de réflexions à la fois relatives à la vie courante et à la vie savante, il est parvenu à détailler son propre mécanisme cérébral, celui au demeurant de tout être humain. Il a établi et noté le détail des opérations indispensables et élémentaires pour réaliser un travail donné, une réflexion, un effort quelconque, physique ou mental. Cette systématisation élémentaire des objectifs et des mouvements a mis huit siècles pour parvenir à son apogée actuelle présentée sous le nom d'algorithme. Celui-ci fait référence au savant cité, auteur et apporteur de surcroît des chiffres arabes et de l'algèbre.

3). Si le concept de fonctionnement et de production du cerveau est nommé « Algorithme », alors tout être vivant, y compris les animaux est un algorithme. Leur observation marque bien le même processus d'étapes méthodiques conduisant à la décision, à l'action, à la résolution de tout problème.

4). Comment l'algorithme se créé-t-il ? Il faut une raison déclenchante aux étapes de sa mise en œuvre, créer une incitation de mouvement, une sorte de trouble interne exigeant une solution et par conséquent c'est-à-dire une volonté de faire, de comprendre, de savoir... N'importe quel objectif peut déclencher une émotion appelant le processus algorithmique : le choix mental des opérations élémentaires indispensables qui vont être réalisées pour obtenir le résultat cherché peut alors commencer. Le processus algorithmique est infini.

5). Toute vie est algorithmique et l'informatique n'existerait pas sans l'algorithme qui est sa matière première unique et inépuisable. On découvrira un jour et on montrera comment l'algorithmique cérébrale fonctionne : quelles sont les liaisons sans fil permettant aux centaines de milliards de neurones déployés vers les centres opérationnels cérébraux, de constituer et traduire la pensée humaine.

6). En attendant tout cela avec sérénité, une des plus belles aventures de l'algorithme est celle du téléphone, autre invention de l'intelligence naturelle dont l'I.A. s'est emparée. A la fin des années 80, au cours d'un voyage missionné en Californie, j'ai rencontré des membres de la Direction 'APPLE' naissante et nous avons longuement parlé des problèmes technologiques posés par le « sans fil » des premiers téléphones cellulaire et de leur développement. Au retour, j'avais proposé au Président et à la DG d'EDF à laquelle j'appartenais, de l'éventualité, à mon avis très intéressante, de s'emparer du téléphone portable émergent et de développer ses perspectives. J'imaginais un avenir immense à la téléphonie sans fil qui pourrait constituer pour la puissante EDF un département différent mais considérable, en association avec les structures existantes. Cette proposition n'a pas mobilisé les esprits présents. Dans le confort du 'fil', le nucléaire était roi, le sans-fil incongru et l'algorithme quasiment inconnu. Les batteries pour voitures électriques attiraient l'attention, supportées par la grande vision du stockage de l'électricité, mais pas les minuscules batteries des téléphones.

Et pourtant, malgré le scepticisme généralisé du sans-fil portable d'abord, et plus tard le smartphone, ont offert une liberté révolutionnaire dans la vie des citoyens et dans celle du monde. Ce bijou qu'est le téléphone, à présent plus nombreux que la population mondiale est d'une complexité généralement ignorée de ses utilisateurs. Il fonctionne selon des algorithmes d'une sophistication extrême. Sa production nécessite l'aménagement systématique de milliards de transistors, consécutifs à des dizaines de millions de lignes de codification, et à l'emploi de matériaux rares. La miniaturisation de la batterie est un autre exploit fournissant l'énergie exigée, cependant encore insuffisante.

7). Le téléphone est devenu la liaison inter-cérébrale la plus importante du monde. Chaque être humain peut en contacter un autre sur la planète et instantanément lui parler. A condition toutefois d'utiliser le même langage. La traduction instantanée parfaite est l'autre défi, l'autre exploit attendu. Ce sera encore une entreprise algorithmique pilotée par l'intelligence naturelle. Les informaticiens experts en technologie algorithmique ont transformé la puissance de l'intelligence naturelle en la qualifiant d'artificielle. Cette qualification s'est étendue à de nombreuses notions ou concepts la sous-tendant. Ainsi en est-il de l'apprentissage automatique, du cerveau électronique, des compilateurs, de la programmation, des capteurs, de la vérification formelle ….

8). La compétitivité de l'entreprise, et plus généralement celle des économies dépendra énormément de la densité et de l'efficacité de l'implantation de l'I.A. et surtout de la manière, de la compréhension, de l'appréciation de ses effets induits sur tous les éléments de la chaîne productive afin de donner tout son sens au concept d'entreprise informatisée.

9). Il apparait clairement que le passage de l'entreprise d'hier à l'entreprise informatisée et informatisante est un renforcement important de l'inégalité et de ses conséquences fantastiques sur l'évolution du progrès à la fois dans sa rapidité et son approfondissement. Déjà, à l'aube de cette modification de puissance des inégalités, le constat est sans appel : plus fortes sont les inégalités, plus fortes sont les luttes et les combats pour en posséder la supériorité.

10). La guerre des intelligences dites naturelles et artificielles n'aura donc pas lieu d'être. Pour les Etats comme pour les individus les gagnants seront ceux qui obtiendront le meilleur d'une collaboration intense et intensive de la recherche et des avancées de l'une au profit de l'autre, en osmose restreinte ou en symbiose élargie. Le grand arbitre des inégalités est aujourd'hui l'informatique et sa montée vers de plus en plus de puissance. Demain, le témoin sera peut-être un autre ascendant de l'algorithme…. Dieu et les Prophètes, représentant de l'inégalité suprême seront un jour élevés au niveau de l'I.A. également suprême ! …

Ces dix points de réflexion vont présider l'évolution mondiale. On peut imaginer ces dix points comme les 10 membres, les dix cerveaux d'un conseil d'administration international : en somme un G 20 réduit à 10 soumis à la recherche torturante d'explorer les voies et les ornières constituant le dangereux parcours des progrès mondiaux dominés par trois phénomènes irrépressibles :

    23. L'informatisation généralisée des esprits, des objets, des matériels.

24. La synthétisation des données

25. La puissance créative des inégalités

Ces trois nouveaux types de moteur de l'évolution sont à comparer avec l'arrivée de la vapeur, de l'électromagnétisme, des moteurs à explosion, de l'atome utile. Le leg du 20è siècle a été la mobilité physique et la mobilité cérébrale qui ont transformé les structures citoyennes, les infrastructures dans leur ensemble et offrent aujourd'hui au 21è siècle de prendre la suite pour faire encore mieux.

Les GAFA ont répondu « présent » : en quelques années ils ont à eux quatre réussi la quadrature in- -formatique du monde. L'exploit de chacun est cependant tributaire des trois autres et leur remarquable développement de puissance en parallèle est leur talon d'Achille :la surpuissance fonctionnelle de l'un par rapport à l'autre serait le début de leur perte.

L'informatisation généralisée de tout ce qui vit et fait bouger dans le monde supprime définitivement les frontières, modifie les valeurs et les objectifs. L'avenir du 21è siècle est tracé et n'a plus grand-chose à connaître du passé.

La conjonction « Stanford a été en adéquation avec les tendances du pouvoir américain qui souhaitait structurer l'ensemble des relations techno-économiques de l'informatique. Les aides financières initiales aux GAFA ont produit leur succès orbital. Mais il faut être prudent dans l'imaginaire de leur évolution et se méfier des idées fondées sur des apparences ou des projets non structurés. Une autre conjonction étonnante peut apparaitre brutalement modifiant tout l'existant.

Le phénomène « internet » notamment le brassage des idées et la confrontation des esprits peut faire évoluer à tout instant, n'importe où, une idée ou une solution de nature à remettre en question beaucoup de certitudes, de projets ou d'existants : une « rupture » peut se proposer à tout instant. C'est exactement le cas pour les matériels informatiques dont l'évolution est en cours et qui sera essentielle pour la généralisation informatique des prochaines années.

L'évolution des circuits, le vieillissement de la loi de Moore, la consommation électrique, la température des circuits, le stockage intelligent des données et l'organisation de leur traitement de même que les programmes de synthétisation pour faciliter et valoriser leur emploi optimal, sans oublier l'organisation et le perfectionnement des mémoires... sont autant de progrès inévitables que nécessaires. Ils feront de l'évolution des matériels des auxiliaires de transformation permettant de nouvelles générations technologiques, d'emplois, d'opportunités techniques et même de rupture dans la conception et l'évolution de l'algo-informatique.

Il existe néanmoins deux freins naturels à l'évolution tant des esprits que des matériels et leur exploitation : c'est le gouffre, engloutissant le temps, modérateur puissant, incontournable et inséparable dans l'évolution associée fatalement à l'actualité modératrice.

L'informatisation généralisée est par ailleurs de nature liberticide : rien ne pourra arrêter la tentation politique dite « sécuritaire » à utiliser l'informatisation comme élément majeur du conditionnement financier des populations sous la forme d'une sorte d'emprisonnement mental plus ou moins anti-fraude, sur fond inégalitaire.

34. ENTREE DELICATE DANS UNE NOUVELLE EPOQUE

Si rien ne peut arrêter, ce que je crois, une généralisation de l'informatisation des mentalités et des vies dans leur profonde signification, rien n'arrêtera donc le développement même de l'informatique, c'est-à-dire de l'information dématérialisée et numérisée. Là est la révolution permanente du XX1è siècle, une sorte de morphogenèse des inégalités. Celles-ci vont se développer, se modifier et transformer profondément en unifiant les apparences de la civilisation humaine numérisée et plate-formée. Ce XX1è siècle ne sera évidemment qu'un prélude à la création de structures d'organisations informatives de données numérisées compensatoires utilisant les avancées algorithmiques de l'I.A. en très étroite coopération avec l'intelligence éminente.

Les données, les algorithmes, les langages et les machines constituent à la fois la structure informatique et créent la nouvelle civilisation des inégalités. La rapidité psychologique avec laquelle on atteint 2020 permet d'envisager les nouveautés et le développement des matériels informatiques de toutes sortes, de tous niveaux et de toutes formes construisant les nouvelles infrastructures. Elles seront à la base des évolutions sociales, sociétales et politiques. C'est dire qu'il s'agit d'une rénovation, d'un bouleversement, d'une seconde Renaissance créant de nouveaux concepts, transformant les pensées, et entrainant la création de nouveaux types politiques et sociaux.

L'ampleur de cette réforme sociétale reste cependant dans l'ordre naturel de l'évolution et des ressources disponibles. Exemple : la production quotidienne mondiale de milliards de données et leur stockage dans des « fermes » constituées de millions de serveurs est une réserve de pensées naturelles à disposition de la pensée dite artificielle offrant la possibilité d'une mise en valeur telle que l'histoire humaine n'a évidemment jamais pu connaitre.

De très vastes changements vont donc coller à cette évolution, laquelle en réalité sera la réforme la plus importante que le monde aura jusqu'alors entrepris. En France où les réformes n'ont jamais cessé parce qu'elles ont été le leitmotif de tout gouvernement apportant une correction à un élément économique, social ou politique devenu insatisfaisant en espérant le réformer pour le rendre meilleur..., ce qui n'a jamais été obtenu dans le temps pour la bonne et unique raison que l'obligation réformiste permanente est imposée, notamment, par le progrès de la justice sociale et de l'inévitable mobilité des esprits, autre leitmotif politicien.

Mais comment prévoir le puissant changement d'opinion ou une exigence sociale majeure d'une communauté ayant les poches bourrées d'objets informatiques apportant à la vitesse de la lumière les actualités et les pensées locales ou planétaires proposées la réaction immédiate de chacun ? Le pouvoir et la communication du pouvoir en tweets a été inaugurée et elle va renforcer obligatoirement le sens des mots.

35. LE MATERIEL ET L'IMMATERIEL

A la connaissance des matériels dont il vient d'être questions, s'ajoute l'immatériel, c'est-à-dire tout l'apprentissage, la connaissance, l'évolution de l'esprit 'utilisateur' de ces matériels : le soft, loin d'être aujourd'hui compris et assuré dans tous ses états.

Le matériel, d'une façon générale, n'existerait pas sans l'immatériel qui lui apporte création sens et utilité. La 'Culture' définit le développement des facultés intellectuelles et est un acte de civilisation : le premier peut-être. A présent, la culture informatique, dont on parle peu, assume et doit prendre en charge le développement informatique dominé par un ensemble de spécificités mathématiques. Le développement informatique et sa dominance exigent une formation mathématique correspondant à une action civilisatrice forte qui fera la distinction et la différence entre l'avancement et la prospérité des Etats ; celle-ci sera à la mesure de la progression culturelle mathématique de la population.

De l'algorithmique à la science des données aucun espace de contrôle, de conception, d'avancement, ne peut assurer leurs fonctions sans le recours mathématique. La force avec laquelle la problématique des données est apparue et est devenue l'un des domaines les plus importants de l'informatique, en témoigne. De même pour l'aide au calcul numérique et synthétique ; la démonstration parfois indispensable des grands théorèmes pour le développement des langages hommes-machines ou des recherches spatiales.
En bref, les mathématiques constituent l'infrastructure générale de l'informatique actuelle pour le succès de sa généralisation, ses compréhensions et ses développements. Par voie de conséquence, c'est en fonction des capacités d'emplois des mathématiques que chaque pays va marquer sa différence. En France, Dassault Systèmes est la seule entreprise informatique faisant partie des 100 premières entreprises mondiales.

Cette situation qui évoluera ou non vers l'agonie n'est pas encore prise véritablement en compte, ni par les français, ni par l'Europe. Elle pose une véritable et grave problématique de rattrapage pour l'Enseignement et pour l'organisation sociétale de toute l'économie

Pour atteindre un niveau mathématique générationnel compétitif une trentaine d'années au moins seront nécessaires et à la condition que toutes les forces professorales soient disponibles et formées à une orientation mathématico informatique, ce qui n'est pas gagné : qui a formé, qui va former les formateurs à ces mathématiques et combien en combien de temps ? Face au développement actuel des élèves en Asie et aux Amériques, l'inquiétude est de même importance concernant le retard pris par notre organisation sociale et sociétale européenne qui semble n'avoir aucune conscience de la situation, pas plus que les pouvoirs en place.

Les forces sociales sont-elles en capacité de former les recours indispensables, de comprendre la nécessité et l'urgence de la modification civilisatrice indispensable avant l'effondrement. La réussite de l'informatisation généralisée est un objectif imposé par les capacités et les forces cérébrales de l'humanité. Les efforts pour y parvenir doivent être exposés clairement et devenir la priorité politique majeure, priorité qui ne doit pas être « promesse », mais conduite comme une obligation d'ampleur nationale et continentale.

Les atouts français dans un tel challenge mondial existent. L'exemple des langages informatiques est intéressant. Il en existe maintenant des milliers, correspondant à l'expansion de l'informatique vers une infinité d'applications, donc de programmes qui ont incité les chercheurs à mettre en place des principes linguistiques satisfaisant à la fois les évolutions actuelles et celles qui vont nécessairement accompagner les compilations indispensables pour satisfaire ou appliquer des principes solides pour les matériels à venir. Tous les langages informatiques sont à base mathématique, utilisant le vaste domaine des notations.

Le courant phénoménal de l'informatisation généralisée est devenu LE challenge de tous les pays, comme celui de la liberté qui doit en être renforcé. Chaque pays doit donc convertir en profondeur les pôles majeurs de sa structure économique. Tous les maillons de cette chaine sont concernés : l'enseignement, la formation continue, l'industrie, déjà évoquée, la santé, les services dans leur ensemble. Il s'agit donc d'une nouvelle et inédite étape de la construction et du développement de la civilisation humaine : elle passe aussi par un accompagnement connecté à la formation d'un « lissage » des conséquences pouvant conduire à la valorisation des inégalités.

Dans les domaines de la santé et de la médecine, après beaucoup de tâtonnements et d'efforts, la place scientifique de la France est très honorable : l'imagerie médicale a réalisé des progrès considérables, non seulement par son informatisation avancée et l'imagerie scientifique, des progrès énormes ont été obtenus pour le traitement des patients par la radiologie interventionnelle, les avancées dans la connaissance ADN et une prise en charge des malades mieux acceptée.

De manière plus générale, l'informatisation très importante des sciences est un autre atout français appliquant la raison et la force mathématique à la progression des sciences physiques, naturelles, spatiales, militaires et cérébrales. Dans tous ces domaines les progrès ouvrent des perspectives dont le plein effet ne sera pas obtenu avant plusieurs années et dans ce cas un siècle ou plus. Dans cet espace de temps et par rapport à la virtuosité cérébrale mondiale, l'imagination dispose d'un espace

infini, ce qui est aussi, en puissance, porteur du « magnifique »
ou du « catastrophique ».

36. LE REFUS DE L'UNICITE DE LA PENSEE.

On ne peut prononcer qu'un mot à la fois, ou ne voir qu'une
chose... Nos cinq sens sont unitaires mais la rapidité avec
laquelle le cerveau les amalgame donne l'impression que ce
mélange équivaut la pensée. Cet aboutissement ne peut plus
maintenant être admis. La généralisation informatique concerne
tous les gestes et tous les matériels utilisés bon gré, mal gré, par
tous les citoyens implique que cette informatisation n'arrêtera
jamais son développement, ses applications et ses
conséquences. Tout marche et fonctionne de plus en plus
« ensemble » et le marché des citoyens achète et paie cette
marche forcée parce que tout ce qui reste à l'écart disparait plus
ou moins vite et définitivement. On perçoit immédiatement la
montée des problèmes et des périls sociétaux. D'un côté une
population qui ne peut plus vivre sans se connecter d'une
manière ou d'une autre à un produit informatisé, ceux-ci
toujours plus nombreux... et d'un autre côté une population
« politique » responsable de la bonne marche citoyenne dans
l'impossibilité de lui garantir les moyens monétaires résiduels
nécessaires à tous ces marchés.

On peut donc s'attendre, dans ces conditions sociétales, à un
renforcement généralisé des inégalités porteur d'une évolution
suicidaire, de forme quelconque, d'un grand nombre de citoyens
les plus conscients de l'impossibilité de vivre une vie digne d'eux-
mêmes. Le principal recours pour éviter le développement trop
massif ou brutal de cette évolution est de parvenir rapidement à
compenser l'inégalité mathématique dont le soutien et la
nourriture doivent être étendue à tous. Le succès objectif de
l'informatisation généralisée ne peut pas réussir sans une

transformation de l'acceptabilité mathématique de tous les cerveaux. Il est donc urgent de déterminer clairement l'objectif et ses étapes dans un temps génétique d'une ou deux générations, acceptable par les citoyens. Ceci étant valable pour tous les pays, en dit très long sur les efforts à accomplir partout dans la chaîne pédiatrico-enseignante.

La priorité française pour développer chez les adolescents la compréhension, l'instinct de mathématiques est sans appel. La pédagogie, les avancées psychologiques, l'aide de l'I.A. doivent être mobilisées pour obtenir des générations intensément formées aux maths, moyen essentiel pour disposer d'une place confortable dans le nouveau monde informatisé de la fonction économique.

D'autant plus qu'il faut bien comprendre que cette généralisation informatique concerne également des secteurs auxquels la perception des applications ne va pas de soi. Par exemple, la connexion des plantes à ordinateur permet de situer très exactement les niveaux de maturité et les conditions optimales de récoltes. La fonction agricole va devenir une fonction industrielle totale parce qu'elle ne peut pas rester en retrait des avancées informatiques et de productivité dans leur ensemble. De la grande industrie à l'artisanat la généralisation informatique va développer les innovations que l'intelligence naturelle ne va pas manquer de soumettre à l'I.A. pour sa croissance algorithmique.

37. LE RISQUE PERMANENT ET SECULAIRE DE L'INEGALITE

Les inégalités sont une des malédictions de l'humanité. Elles existent sans discontinuer depuis l'origine, se trouvent partout et organisent les différentiels mondiaux. Inutile de revenir sur l'origine inégalitaire : l'essentiel a été dit. Les inégalités resteront le phénomène sociétal premier, porteur des guerres et révolutions de tous ordres lorsque le seuil de leur explosion est atteint. Il s'agit donc d'un danger systémique, permanent et conceptuel, inhérent à la nature humaine, une sorte de maladie incurable aux causes multiples et aux qualificatifs dangereux ou inappropriés car modifiant le sens originel. Inégalités sociales, naturelles, individuelles, injustice, inégalités de revenus... sont autant de pistes de solutions suggérées qui n'ont aucune valeur et aucun aboutissement possible. La question de savoir si une société inégalitaire est acceptable est illogique puisque sa constitution est fatalement in égalitaire ; elle n'est pas injuste non plus puisque ses racines sont fondées par l'évolution naturelle et par les lois des hommes inégalitaires

Les inégalités et les conditions de l'inégalité sont officiellement déterminées par le recours aux mathématiques permettant de catégoriser les inégalités par différences de ressources, de revenus, de métiers...conduisant aux situations ou discussions aporétiques, c'est-à-dire à des conclusions impossibles. La raison première et profonde des inégalités étant, il faut le répéter, celle de la structure neuro-cérébrale, le seul combat véritablement efficace est donc celui de la maîtrise neuronale, vulgairement traduit par le « niveau d'intelligence ». Le seul critère pratique le traduisant est actuellement celui du « diplôme », miroir du cerveau, censé refléter sa capacité à un Titre, un grade, une compétence.... Le miroir du cerveau n'est pas seulement l'apparence du savoir mais doit faire transparaitre ce qui est caché....

38. L'ORDINAIRE ET LE SUBLIME DES INEGALITES

La naissance, la présence, le développement des inégalités ont pour point de départ les inégalités naturelles et innées parce que existantes dès et par la naissance. Les inégalités révélées traduisent la croissance des différences de chaque individu. On peut alors établir et triturer la litanie de la diversité des inégalités ciblant la variété des besoins, des occupations, des enseignements des évolutions de la population. Elles sont ponctuées par toutes sortes d'interventions économiques ou politiques sans que l'on puisse en tirer la moindre conclusion conceptuelle relative à la liberté et aux multiples compréhensions de ce mot. Dans ce sens, les inégalités sont un reflet de la notion de liberté, politiquement d'une grande utilité. On explique par la fonction mathématique de la « différentielle » une partie de son accroissement tendanciel par une croissance infiniment petite d'une variable dont les effets sont énormes au niveau d'une communauté. Les effets massifs de l'inégalité génétique se transmettent par croisement dans les inégalités citoyennes et structurent les « inégalités ordinaires ».

Une infime partie de la fonction différentielle, toujours d'ordre cérébral, représente cependant la vague, la source unique de sublimation venant transformer l'océan des inégalités. La « différentielle » a toujours représenté dans l'aventure humaine le contenu génétique inattendu, l'offre exceptionnelle d'un cerveau proposant une valeur fonctionnelle de « rupture » physique scientifique, matérielle ou immatérielle venant bouleverser, modifier, enrichir, valoriser les fonctions ordinaires des inégalités. Cette variable est incarnée par la liste des « génies » obéissant à leur capacité cérébrale dont ils sont les transmetteurs transcendants des sciences et des arts de leur époque.

L' « Ordinaire » a toujours existé. De son côté, la « Rupture Sublime » surgit et propose une modification profonde à l'existant dans une partie quelconque du monde : ainsi ressuscitent les sciences et les manières de s'en servir lorsqu'elles sont devenues obsolètes… Il faudra sans doute attendre très longtemps avant de pouvoir expliquer l'arrivée inopinée de la variable fonctionnelle sublime.

Il reste et demeure que l »'Ordinaire » est la terre citoyenne sans laquelle rien n'est possible. Elle est donc désignée pour booster toutes les *ruptures* informatiques et scientifiques qui vont se présenter et porteront la différence de l'évolution d'une période à l'autre. Ceci exige une sérieuse préparation pour faire face à la rapidité attendue des offres de rupture, notamment l'élévation des connaissances mathématiques dans l'univers « ordinaire », mais aussi la formation généralisée à la « numération », clé de toutes les professions de demain et du futur.

Nous voici donc tous au cœur des inégalités créées par la formule neuro-cérébrale innée de chacun. Formule extrêmement variable et complexe où les différentielles sont multiples et spécifiques à la fois assurant la singularité personnelle et celle des communautés. Pourquoi cette complexité naturelle innée est-elle si difficile à exprimer et surtout à préciser ? On l'a déjà dit, rien n'est plus difficile à définir que l'intelligence parce que ses 4 paramètres sont ceux que chaque cerveau créé et développe en propre mais sur lesquels il n'existe jusqu'à présent aucune possibilité d'intervenir ou de modifier.

39. DE L'ECONOMIE MUSCULAIRE A L'ECONOMIE CEREBRALE

Le premier paramètre de la constitution neuro-cérébrale est l'ADN qui est affaire héréditaire, donc en dépendance génétique de l'ordre de 50 à 80% selon les individus.

Le second paramètre est celui de l'environnement familial qui lui aussi est un héritage s'imposant à l'enfant.

Le 3ème concerne l'environnement scolaire, extrêmement important, dépendant pour l'essentiel du niveau familial.

Le 4ème concerne la plasticité cérébrale ressortissant de l'héritage génétique. La plasticité est reconnue comme un élément majeur de la capacité naturelle à apprendre.

Ces 4 paramètres sont les structurants du *QI* dont le résultat est à 80% supporté par le couplage ADN et 20% par la plasticité neuro-cérébrale. Le niveau atteint par le QI hasardeux individuel, s'il était attesté officiellement représenterait, par convention, le marqueur de la réussite sociale et en même temps le sommet de la civilisation des inégalités. L'ADN deviendrait alors l'amodiateur du cerveau...

Néanmoins, si l'on parvenait à chiffrer formellement à la fois le QI et le revenu moyen d'une population, beaucoup de perspectives nouvelles seraient ouvertes, tant sociales que politiques. Le lent mais irrépressible approfondissement du fonctionnement cérébral pousse, entraine et impose l'avènement d'une économie regroupant l'apport des puissances cérébrales au premier rang desquelles se trouvent les nouvelles technologies et leur développement dans quatre domaines de puissance révolutionnaire : les nanotechnologies, la biotechnologie, l'informatique et les sciences cognitives, en abrégé : NBIC. Ces quatre piliers de la nouvelle « *hyperéconomie* » sont en phase initiale de la transformation du fonctionnement mondial. Le logiciel, fondé sur les algorithmes est l'outil basique de l'hyper-économie. Il traduit et organise la chaîne de valeurs de tout produit ou concept existant ou à venir. Sa première spécificité est de capter et d'organiser les marges bénéficiaires à l'avantage de ses concepteurs et peut alors obtenir des profits d'échelle absolument considérables. Ceci explique l'arrivée rapide de nouveaux milliardaires et c'est la première boucle de l'hyperéconomie qui met la concurrence au défi de la puissance paramétrique de l'intelligence dont les niveaux n'ont cessé de croître au cours des siècles d'inégalités.

L'observation conséquente de cette évolution montre que la première mondialisation a été celle de l'esprit avec Abraham, Jésus, Mahomet, Confucius… qui a investi plusieurs siècles et reste une référence in dispensable aux esprits et aux gouvernances.

La seconde mondialisation a été celle de la matière avec l'explosion des sciences, de l'industrie, de la mobilité, et des feux d'artifices de la Renaissance.

La troisième mondialisation, en cours, a l'obligation de soutenir et d'organiser l'hypereconomie de l'antimatière, des technologies et des sciences cognitives. Comme les deux précédentes, l'ouverture des NBIC et la diffusion planétaire des idées et des marchés jusqu'alors inconnus dans leur puissance révélatrice en seront les marqueurs. De nouvelles forces de l'esprit humain, adossées à l'esprit, à l'intelligence artificielle et aux 'augmenteurs' vont se diffuser au cours du présent et des prochains siècles, dont nul ne peut encore prédire sérieusement les effets réels.

Une suite, logique et inévitable apparait : celle de l'arrivée de nouvelles inégalités ensemencées plus ou moins volontairement de par le monde par toutes les actions d'augmentation des populations. Leur gravité, leur importance et leur étendue seront dans la logique du développement de l'hyperéconomie, de la communauté planétaire des esprits et des intelligences sublimées.

Comment faire pour que les cerveaux « moyens » de l'humanité ne se transforment pas tous en « inégalitaires » récupérés politiquement par un « populisme » dont le développement se renforcera partout : pourquoi ? Le populisme du début du 21è siècle est moins politique que sociale »t exprime la crainte des populations face à la transformation numérique qu'elles redoutent parce que ne la comprenant pas et ne pouvant pas l'utiliser. Elles refusent donc cette transformation auxquelles elles ne sont en rien préparées. Ce territoire social se transforme donc en territoire politique et va s'étendre et se renforcer au rythme des avancées de l'I.A. et des nombreuses technologies connexes simultanément alimentées par leurs propres données.

Les Inégalités sont conséquentes à la fois dans l'ordinaire et le sublime parce que les deux sont constitutifs du cerveau porteur dans l'évolution générale de l'humanité. Une sorte de translation génétique s'opère dont le cerveau est le mécanisme garant de l'inséparabilité de l'ordinaire et d

CHAPITRE 8

LES INEGALITES ET LES INCERTITUDES MONDIALES

40. LES INEGALITES DETERMINENT L'INCERTITUDE DU MONDE

C'est par le travers et de part en part des inégalités qu'il est possible de se faire une idée de l'évolution de l'évolution du monde ou d'apprécier les changements opérés dans une communauté au cours d'une période déterminée. De nombreux travaux, d'innombrables ouvrages ont et continuent de disséquer la structure des inégalités sans jamais découvrir le moyen politico social d'amélioration ou de suppression définitive des dégâts sociologiques provoqués par les inégalités les plus insupportables, à commencer, pour l'exemple, par celle de l'âge qui permet de beaucoup apprendre mais aussi de s'exclure de l'évolution, souvent incompatible avec les valeurs acquises. Quelles qu'elles soient, les inégalités cérébrales représentées ont un considérable poids démocratique dans les prises de décisions citoyennes. Autre exemple, les « gilets jaunes » de 2018-2019 ont apporté la démonstration d'une connexion profonde, dématérialisée vis-à-vis de laquelle aucun niveau de pouvoir en France n'a été en capacité d'apporter une réponse historique marquant une étape de transformation et de progression sociale et politique. Sans doute une pause est-elle nécessaire : ce type de situation a toujours permis à un pays de trouver son futur dans les conséquences de puissantes mobilisations populaires.

La réponse la plus forte et massive apportée par les inégalités s'exprime avec évidence dans l'atmosphère d'incertitude grandissante dans laquelle baignent les sociétés modernes. Il ne faut pas s'en étonner : tous ceux qui vivent et subissent les effets de l'inégalité ont l'incertitude comme compagne permanente dans la vie. Les 99% de la population qui sont, de quelque manière, la référence à partir de laquelle s'exprime grossièrement l'inégalité, ne sont pas dans l'incertitude pour eux-mêmes mais en subissent néanmoins les effets imposés par la majorité des citoyens, fondement de l'opinion et des sursauts démocratiques. Dans cette situation d'incertitude séculaire le progrès sociétal s'est développé par les apports de sublimité qui se sont matérialisés et ont pu conduire le progrès dans sa généralité.

A partir du phénomène « internet » et de ses développement l'ambiance d'incertitude s'est profondément modifiée et renforcée. Tant que le progrès « connecté » a pu et peut encore satisfaire les besoins qu'il fait naître dans la société, l'incertitude est compensée par la satisfaction de l'enlacement connectique, limité par son coût d'abord, l'exigence des savoirs ensuite.

L'incertitude généralisée devient naturellement l'équivalent de l'indécidable et de l'indécidabilité : le déversement de l'information, immensément variable et complexe, fournie par les machines est avant tout produite par les cerveaux que les ordinateurs et autres synthétisent massivement créant et entretenant de l'incertitude généralisée et renforcée. Ce qui pose une question : de quoi, de qui naissent et croissent les incertitudes ? La réponse n'est pas loin : c'est clairement la rencontre entre des réponses différentes, entre l'information publiée qui est déjà « mémoire » et l'information pensée par le cerveau de chacun. Produire une information c'est donner une forme à l'idée qu'elle contient. Quelle que soit la nature de l'information, il s'agit de faire savoir quelque chose, donc de produire une conception ou une explication de cette chose et par conséquent faire subir un traitement au fait original et influencer, volontairement ou non, la conséquence qu'elle contient. Informer, c'est obligatoirement faire connaitre ou suggérer les possibles interprétations de son message parmi peut-être beaucoup d'autres. L'informateur, dans sa présentation directe ou par l'intermédiaire de toute machine informatique n'est ni une pensée ni un fait brut mais déjà une mémoire produite par un ou un ensemble de cerveaux.

A ce point, il faut encore revenir un instant sur la différence d'interprétation des cerveaux d'où naissent fatalement les incertitudes. Chaque cerveau dispose d'une composition globalement identique mais d'une complexité phénoménale et génétique d'où naissent immanquablement toutes les différences, notamment avec les machines à informer qu'elles soient mécaniques ou informatiques. En rappel, un cerveau contient environ 80 à 100 milliards de neurones connectés à environ 20.000 autres par l'intermédiaire des synapses. Toute entrée dans un neurone se réalise par de nombreuses synapses alors que chaque sortie s'effectue par un seul axone ; ce dernier par contre se ramifie à un nombre considérable de dendrites reconnectées à un très grand nombre de neurones, toujours par l'intermédiaire des synapses. L'énergie animant cet ensemble est l'électricité naturelle produisant un potentiel d'action alimentant axones et dendrites.

Les synapses ont, entre autres, la particularité de continuer leur travail même en cas de manque d'énergie car pouvant disposer du secours de l'activité antérieure, ce qui a doté la synapse de son qualificatif *de plasticité* expliquant son utilité pour les fonctions d'apprentissage et de mémorisation. La vitesse de transmission des synapses par les axones est de l'ordre maximum de 100 mètres par seconde, donc relativement lent par rapport aux transistors des ordinateurs beaucoup plus rapides, proches de la vitesse de la lumière. En bref, le fonctionnement du cerveau et des ordinateurs est tout-à-fait différent et si l'on connait très bien celui de la machine, on est loin de connaître celui du cerveau dans sa totalité.

L'incertitude cérébrale originale se crée par ses propres pensées et se développe à grande vitesse par la puissance de réflexion dont est capable le cerveau et incapable l'ordinateur. Ce sont donc la variété, la logique et le défilement des pensées suggérées par la capacité et la plasticité cérébrales qui initie l'incertitude et la motive selon les schémas mentaux des intervenants. L'incertitude est par conséquent alimentée en permanence par diverses influences professionnelles spécifiques, dominées par les exigences métiers dont les objectifs et les motivations sont diverses, souvent contradictoires ou incompréhensibles sans être fausses. Surmonter l'incertitude apparait en définitive comme une impossibilité actuelle du règne humain.

41. DE L'INCERTITUDE A LA SOCIETISATION

En résumé, l'incertitude est le stimulant de la science et du progrès, lesquels avant d'être acquis et certains sont poussés par la recherche qui ne peut pas reconnaître l'incertain. De même pour les nouvelles grandes technologies numériques dont la progression ne cesse de pousser à d'autres développements en créant de nouvelles incertitudes, activant l'interrogation permanente de savoir qui sera et qui pourra être le plus fort pour les traiter et les maîtriser au mieux. Là encore il faut reconnaitre que l'inégalité, dans son essence, est la seule formule de nature à pouvoir offrir la solution de l'intelligence naturelle pour résoudre et transformer l'incertitude en certitudes scientifiques apportant aux inégalités une capacité souveraine.

L'inégalité est donc un *fait naturel* et certainement le moteur essentiel de l'économie et de la politique. Car, finalement, que raconte l'histoire, l'Histoire des hommes, des nations ou même des animaux, sinon les guerres et les combats pour la sauvegarde ou la conquête d'Inégalités ?

L'inégalité générale représentée par deux groupes composés de l'inégalité positive d'un côté et de l'inégalité négative de l'autre représentent les « nantis » et les « pauvres », constituent les deux leviers des transformations, volontaires ou non. Une souveraineté se crée, confirmée par la mise en valeur cérébrale permanente des pôles de progrès dans tous les domaines d'activité, utilisant les deux points d'appui inégalitaires

La problématique humaine devient la suivante :
1/ Comment l'informatisation sociétale en cours va-t-elle pouvoir coopérer avec l'inégalité structurelle et ses deux composants d'indépendance et de souveraineté ;
2/ Comment la société, devenant informatisée, va-t-elle réaliser sa « *Sociétisation* », nouveau composant des leviers inégalitaires de la politique ?

L'opportunité est que l'informatique est fondamentalement interdépendante et heureusement accompagnée par une évolution importante des esprits et des mentalités dans les deux corps inégalitaires, mais avec une différence profonde concernant les savoirs. Ceux-ci peuvent être limités à la connaissance de quelque chose dont on peut se satisfaire. Pour d'autres, leur habilité est un savoir-faire professionnel en évolution constante. L'intelligence du jugement est un niveau de savoir flatteur mais limité. Le garant du vrai, la possibilité d'utiliser ses connaissances pour réaliser, pour atteindre un objectif relève beaucoup du sentiment de 'pouvoir faire'. Lorsque Internet est arrivé tout cela a permis au grand nombre de s'intéresser rapidement aux applications permises et développer dans tous les domaines ouvrant toutes grandes les portes du numérique avec énormément de possibilités nouvelles et des perspectives fabuleuses.

En réalité, Internet et le développement numérique apportent un nouveau socle technologique pour l'expansion de l'économie de marché permise par le jeu et les besoins des puissances mises en action par la présence des inégalités. Personne n'a inventé l'économie de marché qui est la forme naturelle des marchés.

Ceux-ci existent pour assurer les besoins en offres et demandes exprimés par les masses vivantes positives et négatives des inégalités existantes structurellement dans toutes les parties du monde. Aucune autre forme de qualification économique n'a jamais pu perdurer parce que les qualités naturelles manquantes aux inégalités organisées et contraintes politiquement se sont toujours transformés en catastrophe impolitique.

Ceci signifie que l'économie de marché, qui est appelée à se renforcer par les technologies numériques et l'informatisation va inévitablement aussi renforcer les inégalités, leur présence et leur utilité dans l'organisation des marchés sociétaux de l'économie à la politique.

L'économie de marché, tellement vantée à présent, est d'abord l'économie des marchés des inégalités, que personne ne détient et qu'aucun pouvoir ne peut abuser longtemps. Une modification considérable s'est produite avec l'arrivée d'internet et le début de l'informatisation et de la sociétisation qui font en permanence passer la force des inégalités à des échelons supérieurs d'influence sur le fonctionnement des marchés et de la société dans son ensemble et dans tous les pays. Cette évolution, incontestable et pas plus maîtrisable que l'évolution technologique ou scientifique, est le nouvel aspect des forces et capacités inégalitaires. Ne pas le percevoir conduit à ignorer ses forces, étant destructrices que régulatrices des évolutions, y compris politiques.

En utilisant une forte logistique, le développement des situations inégalitaires a permis la naissance de pensées comme celle de Ricardo avec l'avantage comparatif, extension des capacités inégalitaires ; celle aussi d'Alfred Marshall dont l'utilité marginale est une conséquence évidente du fonctionnement inégalitaire ; celle également de J. Robinson établissant la liaison entre la résilience des salaires et l'économie de la concurrence. La science économique apparait toujours comme la synthèse permanente des aptitudes inégalitaires s'exprimant au rythme de sa propre évolution.

L'évolution inégalitaire, depuis ses origines, apparait comme la véritable clé de l'économie et de ses performances. L'évolution historique des forces et tendances qui lui apportent ou qui lui retirent de la puissance se situent dans sa composition interne laquelle, par sa superposition et sous le couvert d'appellations multiples, rassemble toute les inégalités actives et concurrentielles. Leur objectif inné est d'acquérir souveraineté et indépendance, c'est-à-dire disposer d'une force par laquelle l'individu, puis le corps social tout entier souhaitent acquérir. D'abord une liberté aussi indépendante que possible et qui ne peut se remettre en question du fait de contraintes extérieures. Ensuite, le droit individuel à la décision politique afin que l'État représentatif ne soit pas soumis lui-même. Cette tendance dictée par le cérébral existe depuis toujours et se maintient quoi qu'il arrive mais avec ses nuancements infinis se traduisant par les évolutions ponctuelles, donc seulement vraies momentanément.

Les inégalités constituent le définiteur, la substance des nations dans leurs diversités et leurs variétés, irremplaçables pour la construction et l'efficacité démocratique.

L'acharnement, quasi thérapeutique, notamment en France, tendant à considérer les revenus comme la clé du combat contre les inégalités apparait quelque peu absurde tant par l'évidence du peu d'effets apportés que par la structure inégalitaire qui attend d'être soulagée et traitée par des moyens d'actions et des leviers bien plus puissants et ha doc.

L'évènement du « Brexit » en 2019 est une illustration de ce qui précède. La structure inégalitaire du peuple britannique s'est confrontée aux structures européennes également très inégalitaires et a conduit à un Référendum sur son maintien ou non dans l'Union Européenne, proposé par des tribuns politiques qui ont conduit « à la faute ». L'erreur a été d'imaginer possible d'obtenir sur le fond un résultat contraire aux promesses et aux arguments proposées pendant la campagne référendaire. L'idée était donc que les électeurs britanniques choisiraient de toutes façons et à une majorité d'environ 2%, de rester dans l'union européenne. Le résultat a bien été au contraire la sortie de l'Union à une majorité de 1,1% qui a entrainé le Royaume Uni dans une crise exceptionnelle et menaçante pour toute l'Europe.

Cet évènement souligne les difficultés de compréhensions des inégalités entre elles. Elles s'expriment toujours avec une intelligence extrêmement sensible aux notions d'indépendance et de souveraineté, nuancée historiquement par la génétique des peuples. Jouer et agiter des idées fausses ou effrayantes peuvent modifier le temps d'un scrutin les sensibilités collectives et changer les choses, mais en apparences seulement.

Par-dessus tout, l'évènement historique du Brexit montre l'importance extrême de la connaissance des fondements des inégalités existantes et de leurs représentations politiques, pour comprendre et prévoir les réactions à la conduite des évènements politiques subis ou susceptibles de se créer. La réponse des forces inégalitaires aux projets et propositions des forces politiques ne trouvent leur adéquation qu'à la condition d'une synthèse réalisant la relativité d'une évolution appropriée.

Fermons la parenthèse du Brexit pour revenir sur une seconde observation de l'évolution. Celle-ci, qu'elle soit scientifique ou économique, a besoin de nourriture. Elle la trouve dans les thèmes que l'esprit lui inspire pour la justifier, ou la structurer. Milton Friedman (Nobel) dans les années 60 a forgé une théorie du monétarisme très libérale dans « Capitalisme et liberté » prônant là aussi le laisser-faire et l'indépendance des banques centrales. En somme, une sorte de couloir économique, large et dégagé, offrant aux masses inégalitaires un écoulement évolutif. Dans le même état d'esprit, Robert Lucas (Nobel) avec sa théorie des anticipations rationnelles, suggère-lui aussi de donner la liberté d'expression aux inégalités, ce qui n'a pas apporté de solution particulièrement prospère. Robert Solow a, de son côté, eu l'idée d'un accroissement de la productivité pour assurer le développement de la croissance, laquelle n'a pas attendue et a été rapidement portée par l'explosion des forces et capacités technologiques produites par les efforts de la recherche technique puis des effets du phénomène Internet. Rapidement, les disponibilités humaines internationales et les conséquences de la montée en puissance manufacturières orientales et asiatiques sont venues en renfort, suivie par l'explosion de l'économie des « Services ». L'ajustement final de cet ensemble a encore été boosté par le numérique, adjuvant providentiel de la productivité.

Il en ressort que finalement l'évolution économique procède d'une addition quasi permanente de faits secondaires ne relevant d'aucune conduite théorique mais d'une adaptation constante à des réformes inéluctables, s'imposant d'elles-mêmes, canalisant les tendances se dégageant des orientations de la majorité exprimée dans les « couloirs inégalitaires ».

CHAPITRE 9

INEGALITES

ET

SOCIALISATION DES

SAVOIRS

42. LES COULOIRS INEGALITAIRES.

Ce sont les « Couloirs » qui constituent, comportent, créent ou rassemblent les inégalités formant la variété des populations, cela dans tous les pays du monde.

Ces couloirs se différencient en deux types :

-les couloirs inégalitaires adultes ;
- les couloirs de l'adolescence.

Dans le premier couloir, la population active adulte se partage en 3 divisions regroupant :

1/ Les salariés des Services, de l'Administration en général, du Commerce.

2/ La main d'œuvre productive artisanale et industrielle dans sa totalité.

3/ Le personnel décisionnaire et les possédants.

Dans chacune de ces Divisions, certaines lois de la formation des inégalités se conservent ou évoluent dans un mouvement relatif les uns par rapport aux autres, mais avec des exceptions.

En premier il y a ce que l'on nomme couramment « la loi du genre » qui va concerner la formation des inégalités. On ne revient pas sur ce qui été démontré dans les chapitres précédents, à savoir surtout les rôles fondamentaux de la génétique, de l'environnement familial, l'enfance et la plasticité cérébrale. Tout cela compose les éléments formateurs des inégalités prenant alors dans la classe « revenus » une dimension statistique marquant le début des confusions créant l'embarras psychologique et l'inefficacité des solutions.

Le 'Revenu' est un des motifs et des moteurs des inégalités mais il est le seul à pouvoir susciter et disposer de données plus ou moins précises et porteuses d'infinis développements. Les revenus ne sont à la base d'aucune inégalité fondamentale que celle mettant en cause la capacité cérébrale : on y reviendra longuement. Ils font aussi comprendre la variété des conditions de vie et, dans ce cadre, tout peut être dit : le seul remède est politique mais il ne   peut être   activé sérieusement que par le levier des « couloirs ».

43. METAPHYSIQUE ET DEMOCRATIE DES INEGALITES

L'esprit de simplicité s'impose pour creuser l'esprit des inégalités, découvrir ce que contient l'inégalité et l'émanation de l'ensemble des inégalités : en somme, leur essence. On perçoit bien tout de suite l'importance de la réflexion et de l'enjeu. D'abord parce que notre perception ne peut pas s'émanciper du temps et ne peut guère appréhender assez correctement que le changement et celui-ci mieux que l'évolution marquant une modification des positions alors que le changement, centre nerveux des couloirs, dégage une suite de qualités et inscrit le devenir. De plus, entre la conscience individuelle et la conscience collective la différence est moins importante qu'entre la physique et les corps. La relativité de notre connaissance s'inscrit ainsi dans la durée, mais c'est dans la mobilité qu'elle trouve sa substance principale : la démocratie, par essence changeante, devient alors une sorte de traduction des inégalités, naturellement développées par la transformation accompagnant le changement. La compréhension des couloirs est indispensable pour parvenir à les exprimer. Il faut pour cela un outil précieux qui ne peut être que l'intelligence utilisée à la fois en partie et pour le tout. Une difficulté surgit immédiatement : la précision de notre intelligence est totale lorsqu'elle s'applique à la géométrie ou aux sciences disposant d'une langue formelle. Comme ce n'est pas le cas avec la science des inégalités, il faudra bien aider notre intelligence en utilisant une grande dose de conventions. En y regardant de près on constate que les couloirs se contrôlent mutuellement mais sont contraints de s'entendre et d'établir des compromis pour renforcer la recherche commune de la sécurité économique et physique : mais celle-ci ne peut être obtenue qu'en créant la confiance dans les institutions.

Si cet objectif ne peut être atteint par les efforts demandés aux couloirs et que la majorité ne croît plus à sa possibilité, la porte s'ouvre à toute aventure autocratique. Comprendre les inégalités est donc l'intérêt majeur de toute démocratie et finalement son enjeu le plus important.

44. COMPENDRE LES COULOIRS POUR LES EXPRIMER

Ce n'est pas là une mince affaire : qui n'a pas eu la mélancolie de constater qu'il est bien plus difficile de se connaître soi-même que d'avancer dans la perception du monde extérieur ? C'est un piège. Lorsque notre esprit se cherche tout lui semble étranger alors que l'observation des autres lui semble simple et naturelle. En réalité, cette constatation est la clé de l'action parce qu'elle s'exerce sur les autres, sur une matière qui répond instinctivement à une nécessité de la vie. On devient alors certain de pouvoir agir plus aisément sur les autres que sur soi : une connaissance de l'esprit collectif, de sa structure accompagne ainsi le pressentiment que la nature de notre esprit va nous rapprocher de l'esprit commun.

Le contenu des couloirs est globalement l'expression d'une pensée multiple dont la valeur est inversement proportionnelle à son uniformité psychologique. Pour parvenir à exprimer les inégalités dans leur ensemble, les comprendre pour définir et imaginer les leviers nécessaires à leur action de transformation, de changement et d'échanges il faut tisser des liens solides et représentatifs, tels des câbles de croissance et de puissance.

45. RADIOGRAPHIE DES COULOIRS

Le titre de cet ouvrage le précise et ses développements marquent l'universalité des inégalités : leur nature est constitutive de l'humanité ; elles sont la structure du monde et leur évolution montre son cheminement : il apparait comme une sorte de méthode évolutive de la transformation collective se réalisant à travers les âges mais conservant intacte la valeur originelle de l'ensemble.

Chaque couloir représente une partie de la réalité méthodique de l'évolution des inégalités et participe au renforcement de la valeur de l'ensemble : chaque avancée dans la méthode partielle de l'évolution s'inscrit génétiquement et de manière diffuse dans chaque génération sauvegardant la valeur de la trajectoire complexe de la méthode générale de l'évolution inégalitaire.

L'essentiel pour comprendre et admettre le principe de l'inégalité générale est que la nature humaine en créant simultanément l'inégalité fondamentale et sa faculté évolutive est que l'individu est un constructeur et un producteur inné : la nature n'a accordé à l'homme aucun outil de production mais lui a accordé la faculté de les produire tous ou de les détruire tous ; ceci est une des bases immuables des inégalités aussi bien que de notre civilisation planétaire.

Cette spécificité humaine de la « production » repose sur la faculté intellectuelle de produire des 'idées générales' et aussi des 'ordres de grandeurs' que l'intelligence va pouvoir à chaque niveau transformer en actions productives matérielles ou intellectuelles, avec à la base une « cause », une nécessité appelant sa résolution : ainsi s'ouvre la spirale infinie des éléments forgeant toutes les inégalités autour de l'axe ascendant des intelligences.

La Science des inégalités et de leur évolution, la connaissance de la puissance des inégalités est à ouvrir et à développer, la connaissance de la puissance des inégalités est à lancer et apportera infiniment plus de réponses et de remèdes que l'analyse sans fin des revenus qui ne sont et ne peuvent être qu'effets et non causes. La science doit s'emparer de la problématique des inégalités parce qu'elle est la plus efficace auxiliaire de l'action. Or, analyser la question lancinante de savoir ce qui peut être fait pour maitriser, modifier et utiliser la force inégalitaire, aucune intelligence scientifique n'a cherché de solution pour atteindre un résultat. Il est donc grand temps de lancer une étude scientifique internationale, doté des moyens les plus avancés, permettant de déterminer les normes de développement, de contrôle et de potentialités des inégalités.

Chaque couloir a donc ses spécificités et ses causes, ce qui pose la question de la formation naturelle des couloirs, et le vertige de leurs divisions et de leurs contenus

En matière d'inégalités, la question n'est pas de savoir si la « situation inégalitaire » est acceptable ou non. C'est, encore une fois, une réalité naturelle, immuable, qu'il faut admettre, con n aitre et utiliser pour lui donner, d'abord, un rôle actif et puissant dans le développement économique et social de chaque pays, seul moyen de comprendre et maximiser le tout au bénéfice de tous ; ensuite, pour supprimer définitivement l'erreur des « Pouvoirs » d'utiliser couloirs contre couloirs et divisions.
Non seulement les inégalités classiques sont permanentes et universelles, mais constamment de nouveaux types d'inégalités se créent et sont créées par l'homme lui-même au travers de ses découvertes, de ses inventions, ses outils et ses propres

créations. Une inégalité chasse l'autre et l'homme actif est le créateur d'inégalités, chacune le renforçant dans son pouvoir de création, de changement, de transformations. Mais ce pouvoir n'est pas organisé, pas structuré et par conséquent le capital neuronal mondial est largement sous-utilisé.

En attendant le lancement du travail scientifique et de ses pistes, mieux possible pour exprimer la compréhension des couloirs et leur fonctionnement rien ne vaut l'application et l'explication par des exemples : ils sont nombreux.

46. POSITIONNEMENT ET VARIATION DES INEGALITES

Le fil conducteur est de montrer qu'il ne suffit pas d'exposer la problématique de ce qui est, ou de développer un type d'inégalités, mais de savoir s'il est possible du fait de son origine de la faire participer au changement et à la transformation d'un ensemble donné en positionnant son aide et son soutien spécifiques comme point d'appui permettant le renforcement global. Dans la fin de cette seconde décennie du 21è siècle, l'évidence est que la présentation médiatique des inégalités ne s'interroge jamais sur leur sens ou leur origine, ce qui conduit à une réflexion stérile.

1

Le premier exemple qui s'impose est celui du rapport de la démocratie avec la fiscalité générale. Le mélange et la proximité du combat social et du combat fiscal se renforce constamment et a pris un caractère psychologique pour le moins aventureux. L'association des deux combats a débuté il y a longtemps avec l'idée politique de la « lutte des classes », à savoir une bonne centaine d'années. Depuis, ce combat a été nourri par d'innombrables *idées générales* desquelles sont sorties des conceptions et des imaginations visant à théoriser la liaison entre les multiples combats sociaux et l'ensemble des bases fiscales. Elles se sont traduites par la création et le développement de nouvelles inégalités conduisant à une complexité telle que la démocratie n'a plus rien à voir ni, peut-être, à espérer d'un changement de conception et de perception des inégalités fiscales. Il n'est pas possible de détailler dans le présent cadre les inégalités légitimées par les Textes du Droit.

Il importe de préciser tout de suite que le mot 'inégalité' est inconnu du droit constitutionnel : il ne connait que celui d'égalité'. L'égalité devant la loi est le principe suprême et régisseur de tout. N'importe quelle inégalité contenue dans une loi se transforme en égalité par le vote majoritaire de la dite loi. Et cela jusqu'au jour où la force inégalitaire transforme la loi par les degrés variables de l'inversion révolutionnaire. En logique d'action politique, la maîtrise des inégalités facilitant les conditions du « pouvoir vivre » est donc le gage de la confiance et de la croissance.

La légitimité de l'impôt s'est ainsi instaurée et est devenue « constitutionnelle ». Cette captation imposée sur les ressources des citoyens est évidemment partout une nécessité de cohérence nationale et d'équité concurrentielle économique. Elles sont cependant assorties de sous-impôts ou taxes dont le caractère démocratique est complètement exclu. L'impôt participe ainsi très largement au renforcement des inégalités et s'installe directement dans la vie citoyenne. Il y a par conséquent les inégalités d'Etat qui viennent s'ajouter aux inégalités individuelles et qui devront faire partie de l'étude scientifique attendue. Les inégalités d'Etat sont à la fois à l'origine du Droit et du développement de la masse des « Articles » contenus dans l'ensemble constitutif des Codes de l'état de droit où la justice est à la fois et fatalement égalitaire et inégalitaire : *peut-on en effet juger autre chose que les conséquences des inégalités de toutes sortes ?*

Pour résumer, l'Etat, les Etats sont les principaux pourvoyeurs d'inégalités non naturelles. Leur faux-semblant de lutte contre elles sont, pour le moins, déplacés. Pour l'exemple, la structure des revenus de la 'division' de quelques-uns des plus riches et des 'possédants 's'est édifiée et construite avec l'aide du temps. L'architecture de leurs éléments constitutifs n'est en rien comparable aux autres revenus. Il faut donc se replacer dans la durée et ressaisir la réalité respectable dans la mobilité, l'idée de substance même de l'organisation intellectuelle fixant la part inégalitaire et égalitaire par rapport aux autres et aux lois. Les responsabilités étatiques sont donc considérables dans le maintien et la gestion des inégalités : les états l'affirment et l'assument solennellement, tant par le travers des uniformes et de leur drapeau qu'en positionnant le dialogue social comme celui des inégalités.

Les conditions du « **Pouvoir de Vivre** », *de l'accélération de la vie,* n'ont jamais été dans le domaine de la démocratie et aucune Constitution n'en fait état. La Civilisation des inégalités peut-elle inverser la tendance ? On y parviendra probablement lorsque nous aurons appris à chercher la véritable position de ce pouvoir.

2

Le second exemple va prendre en considération notre intelligence, son mécanisme et notre évolution parmi les inégalités.

Pratiquement, on peut considérer l'école comme le point de départ effectif de la vie active du cerveau et son premier face à face avec d'autres éléments de la même génération et des inégalités, et parmi celles-ci l'inégalité des chances, celles pouvant faire réussir ou échouer. L'ambiance matérielle et morale, le mélange génétique peut avoir d'énormes répercussions dans une génération entière en fonction du nombre, de la diversité des écoles et des différents milieux urbains ou ruraux tellement essentiels et marquants pour les jeunes esprits. L'école est l'une des bases reproductives des inégalités et, en France la structure scolaire est particulièrement dangereuse. A l'évidence l'école française n'est plus adaptée à la préparation d'un avenir considérablement différent de celui pour lequel elle a été conçue, malgré les nombreux aménagements réalisés, mais devenus brutalement très, très insuffisant matériellement et intellectuellement. Ces insuffisances concernent l'essentiel du moule reproductif des inégalités fondamentales.

La formation intellectuelle a fait l'objet de nombreuses études et il a déjà été indiqué dans le présent ouvrage combien la plasticité juvénile du cerveau était importante pour sa formation générale ultérieure. Il est à présent admis que la progression mentale s'effectue non pas de manière linéaire mais par paliers : 2--7 ans ; 7—12 ans. C'est dans cet espace-temps que le niveau des activités mentales s'effectue et se précise par l'apprentissage de la vie. A 10 ans, le cerveau d'un enfant atteint 90% du cerveau d'un adulte et continue de croître jusqu'à 25 ans environ, âge où les neurones ont atteint leur plein développement. Ensuite, le niveau 'capacitaire se révélera.

Le palier 5—10 ans est la période dans l'école, période au cours de laquelle la stabilité émotionnelle n'est pas acquise, donc période à risques bien connus, renforcés ou non selon l'héritage transmis par l'école et par le hasard de ses sélections. Au cours de ce passage à l'école le cerveau n'est pas 'malade', mais il n'est pas formé, c'est-à-dire qu'il peut être plus ou moins déformé, ce qui influencera certaines perceptions du cerveau adulte. A partir de cette foule d'influences on imagine facilement l'éventail de la formation des inégalités, de leur importance et de leur poids dans le déroulement du « pouvoir de vivre ».

L'autre essentialité est de dire l'importance du personnel enseignant qui est à la source d'inégalités structurelles. L'intelligence est faite pour utiliser la matière et celle des enseignants doit former, transformer son objet juvénile mais en fait n'en saisit le plus souvent que l'apparence et ne peut que survoler la surface de jeunes intelligences. Il est impossible d'observer le progrès du mécanisme et de la symétrie des connaissances dans les classes de l'école actuelle et ses notations, à l'exception de celle concernant l'obstacle du langage mathématique ou géométrique qui est ou non surmonté : il s'agit-là d'une très bonne indication pour la future orientation des élèves.

Ne nous attardons pas sur le présent qui est déjà le passé pour faire un pas dans l'avenir. On vient de le souligner, l'organisation actuelle et la transmission du savoir au travers de l'intelligence n'est plus adaptée à la problématique qui devient celle des nouvelles technologies de l'enseignement. L'urgence, c'est le' professorat' qu'il faut en priorité transformer et initier dans la durée à un nouveau système, à une nouvelle organisation du savoir dans le but ultime du lissage des inégalités sur lesquelles nous allons longuement revenir.

3

Les exemples doivent se rapprocher le plus possible de la Vie afin de mieux comprendre leurs fondamentaux. Il ne faut pas que la complication et la multiplication des situations fasse perdre de vue la simplicité de l'esprit avec le risque de ne plus percevoir le spontané dans l'idée d'inégalité. Il faut parvenir à bien saisir et à fixer l'inégalité comme image intermédiaire entre la simplicité de son expression triviale et la complexité des formes et des abstractions dont l'actualité courante l'habille. La représentativité est trop souvent le reflet du miroir de l'esprit ou l'idée d'une connaissance immédiate non raisonnée. C'est évidemment le cas avec la thèse des inégalités de revenus, des inégalités physiques et sociales... toutes représentations confuses ne pouvant aboutir qu'à des observations et des raisonnements non décisifs.

La définition des inégalités dans l'objectif de parvenir à un résultat dans la forme et le fond doit retrouver la simplicité originale du fait naturel. L'inégalité est une réalité naturelle et universelle : la définir dans le détail est inutile et impossible tant la variété qualitative est immense. *Quel que soit l'inégalité, la fonctionnalité humaine qui l'accompagne implique le pouvoir de vivre.*

Le *pouvoir de vivre* peut se résumer en quatre propositions fondamentales. La première est celle de pouvoir passer sa vie d'une façon appropriée à l'esprit de l'individu porteur, correspondant à l'ensemble de ses idées intimes. La seconde affirme que les idées abstraites ne peuvent ignorer les moyens matériels malgré tout indispensables. La troisième consolide la réalité de l'esprit et la caractérise par la volonté du Savoir. La quatrième est fondée sur la nécessité de la matière et celle d'en disposer pour se nourrir, gagner sa vie ou survivre.
A partir de cette vision il devient possible d'intensifier, d'approfondir, de définir la structure complexe de l'inégalité en elle-même et cela nous transporte effectivement vers la matière et le numérique.

On peut sans difficulté retrouver ces quatre propositions formulées et développées de manière à peu près identique dans les débats médiatiques sur l'inégalité. Malheureusement on en reste là et alors que chacune de ces propositions peuvent se renforcer des trois autres, seule la répétition se présente.

Il y a cependant dans « le pouvoir de vivre » une grande puissance et une grande virtualité, une existence complètement réalisée, englobant sans distinction l'être et le paraitre : on ne peut pas extraire beaucoup de ce qui ne contient rien, alors que le pouvoir de vivre contient l'image précise du savoir et de la substance.
 L'idée générale contenue dans le *pouvoir de vivre* est l'unification du savoir. Et cela nous ramène à l'idée que la science, c'est-à-dire le savoir, est l'auxiliaire de l'action cherchant un résultat. D'où, d'abord, la nécessité de savoir ce qui a été fait pour obtenir tel ou tel résultat et ce dont il faut disposer pour cela.

4

La simple observation de ce monde où l'individu, l'homme est roi confirme qu'il est fait et conçu pour produire matériellement et intellectuellement, à la fois ce dont il a besoin pour se construire lui-même et les autres ce qui, en somme correspond aux besoins de la vie. L'objectif est donc atteint ; et même en un certain sens trop bien atteint parce qu'au cours de ce processus séculaire les inégalités n'ont fait que prospérer et progresser à cause de la différence en expansion constante des savoirs et des avoirs.

A partie de l'année 2000 environ, une infime quantité d'intelligences confortées par leur forte inégalité sociale positive ont mis au point à peu près simultanément les bases de nouvelles technologies concernant l'infiniment petit des matériaux, des ondes et de leur utilisation créant de nouvelles connaissances et de nouvelles sciences comme l'informatique, la numérisation appliquées à tout y compris la médecine et Internet. L'ensemble provoquant la mutation de toutes les industries et des services. En réalité il s'agit d'une Révolution transhumaine accomplie par quelques jeunes étudiants américains et chinois parrainés par des professeurs 'd'avant-garde'. Une autre conséquence de cette Révolution est que la partie exponentielle des savoirs n'est plus uniquement dans l'enseignement mais dans l'Economie directe : un bouleversement total là aussi.

Tellement total que tout progrès dépend dès lors de l'esprit de la science plutôt que de la science elle-même. Pour se transmettre les progrès doivent chevaucher sur des idées et des innovations dans l'objectif d'un contrôle des actions et des résultats obtenus par les nouveaux savoirs. Mais ceci s'enchaîne et conduit à une socialisation permanente des savoirs renforçant le contenu de leur rythme générationnel. L'espérance est de pouvoir maîtriser l'évolution insoutenable des inégalités réelles et cachées.

47. SOCIALISATION PERMANENTE DES SAVOIRS

La socialisation permanente des savoirs est la nécessité historique du 21è Siècle. Le Savoir renforcé et adapté de ses trois générations constitutives est un chantier urgent, difficile et concurrentiel : donc politique. Il devra surmonter des obstacles inédits auxquels personne n'est vraiment préparé.

La socialisation permanente du savoir c'est la faculté de connaître, de comprendre, de porter un jugement, en bref, c'est un perfectionnement calculé de l'intelligence. Le savoir possède des degrés, des niveaux, une hiérarchie de ses qualités et, puisqu'il s'agit de capacités mentales et intellectuelles, donc biologiques, le Savoir relève aussi de l'hérédité et de la génétique.

Dans la socialisation du savoir l'essentiel est signifié par la nécessité de transformer le rythme générationnel du savoir afin que chaque génération soit associée à la précédente et renforce la suivante par l'étendue et la puissance renouvelée du savoir : de sorte que chaque génération constitue le point d'appui servant le levier des savoirs dans chacun des 'couloirs'. Qui peut dire que cet objectif de socialisation ne contient pas les clés du monde à venir ?

La socialisation des savoirs va se fonder à la fois sur l'ancien et le nouveau, sur les capacités cérébrales qui sont à présent dédoublées par la technologie numérique et la présence d'un nouveau venu dans le savoir, nommé Internet, dont les conséquences sont encore à l'aube de leur apparition.

Le 21è siècle s'est définitivement doté de l'internet qui devient, par les forces de l'esprit et des choses « *l'Internétique* », c'est-à-dire le Second cerveau dont l'humanité ne peut se passer parce qu'il est presque aussi important que le Premier. Pour faire comprendre l'importance de l'un il suffit d'observer les faiblesses de l'autre, en pleine conscience de leur fonction et de leur destination.

Comment construire et développer la socialisation de la connaissance, du savoir et de l'ensemble des savoirs sans le secours de l'esprit et de *l'internétique qui va se déployer en 'internétisme'* ?

Ce simple néologisme est proposé pour mieux encore faire prendre conscience des bouleversements de toutes sortes accompagnant définitivement le 'numérique', l'esprit du numérique et les nouvelles dimensions de l'esprit qui en découlent.

Comment pourrait-on mettre en œuvre la socialisation des savoirs sans les nouveaux moyens technologiques et la volonté actée des non-savants à disposer de plus de vastes connaissances ? Pour donner une forme concrète et une force vitale à la socialisation des savoirs, le recours aux deux cerveaux est symbolisé par l'Internétique.

48. LA PUISSANCE INTERNETIQUE ORGANISEE PAR L'INTERNETISME

Face à l'inutilité des efforts, et des faux efforts, concernant les inégalités non physiques, la vraie question est de se demander ce qui doit être fait pour qu'un certain résultat soit atteint et quelles conditions doivent s'imposer pour obtenir un retournement du phénomène existant. Pour rester dans l'esprit de simplicité la socialisation du savoir, telle que présentée ici semble être le changement devant répondre aux besoins simples et massifs d'une très forte proportion de citoyens acceptant de chercher à obéir à la connaissance pour ensuite pouvoir donner des ordres et donc modifier leur statut inégalitaire.

La mise en œuvre du support générationnel activé par l'internétisme apparait comme la probabilité la plus porteuse : la suppression des inégalités est une chimère équivalente à la suppression de l'humanité, mais la relativité acceptable des inégalités est l'inéluctable solution pour la compatibilité avec le déploiement du monde numérisé et c'est également la première phase de transformation de l'internétique en Internétisme.

L'évolution naturelle du Savoir met aujourd'hui deux cerveaux en présence et, en réalité, en compétition se transformant en « augmentation » pour l'un et pour l'autre. L'idée de l'augmentation qui pouvait paraître insoluble ou très difficile dissipe brusquement les obscurités qu'elle possédait parce qu'elle va dissoudre définitivement et supprimer ce qui était jugé insoluble. Le nouveau et l'ancien cerveau vont chacun communiquer leur intellectualité et clarifier, sortir de l'obscurité les problèmes pour faire apparaitre leur Solution.

Le renouvellement de l'organisation du Savoir passe et va dépendre de la capacité citoyenne à se révéler dans un *mouvement social du savoir* dont l'objectif est de supprimer son insuffisance après avoir précisé les lacunes y conduisant.
Alors que l'Art ne peut apporter satisfaction qu'à des privilégiés de la fortune ou des sens, que la science, en dernier ressort parait n'avoir que la commodité de l'existence pour objectif, le Savoir peut donner la joie parce qu'il est la substance du tout. Tant que le contraire ne sera pas démontré, le Savoir conceptuel est bien le seul à pouvoir atteindre le fond de l'esprit et passer du relatif à l'absolu par la mobilité intellectuelle du double cerveau.

Alors, comment organiser le développement du Savoir et comment le diriger ?
Revenons d'abord un instant sur l'intelligence, tellement difficile à définir avec précision qu'il est préférable là encore de simplifier et de considérer qu'elle exprime, qu'elle extériorise par le pouvoir de la parole, le contenu du cerveau, sa matière, dont on est loin de connaitre les détails complets du fonctionnement. L'esprit est une autre redondance du pouvoir d'expression, qui renvoie aussi à la matière inerte dont nos organes tirent parti et

qu'il faut utiliser à l'aide de voies, outils ou organes artificiels. Autrement dit, nous devons considérer que c'est sur la 'matière' du cerveau, sur sa structure que s'est formée celle de l'intelligence. Il y a donc symétrie entre l'intelligence et la matière et cette symétrie va être également celle de la correspondance et de la coopération intellectuelle entre nos deux cerveaux s'opposant, se protégeant et se perfectionnant.

Dès lors, tant le ministère de l'éducation nationale que celui de la culture, doivent ajouter le « Savoir » à leur dénomination officielle.

49. L'ORGANISATION INTERNETIQUE DU SAVOIR

Elle passe et va dépendre de la capacité citoyenne à se révéler dans un « *Mouvement Social du Savoir* » dont l'objectif est de supprimer l'insuffisance de ce dernier après avoir établi et précisé les lacunes y conduisant. Elles sont nombreuses et l'état d'urgence éducative est tellement évident et profond qu'il a du mal à être déclaré officiellement. Les espaces lacunaires, c'est-à-dire les espaces vides par rapport aux besoins des savoirs à venir sont graves. Comment se peut-il que la France ayant les plus fortes dépenses éducatives soit systématiquement placée dans les moins bons résultats scolaires internationaux selon PISA ? Il faut une cause et une cause de la cause, indéfiniment.

Le résultat inégalitaire est là, à la fois entre les pays et entre les élèves de classes en classes du fait de l'enchaînement des causes et des espaces vides ou incomplets des savoirs.

Les travaux pour remédier à cette situation vont hélas renforcer les inégalités avant de parvenir à un nouvel équilibre. Les autorités et les responsables sont conscients globalement de la situation et n'hésitent pas à prôner l'utilisation des neurosciences dans le système éducatif. Mais cela étant dit, ce n'est pas que les intelligences soient stoppées ou ne cherchent plus à vouloir avancer mais parce que l'imagination est fatiguée, ne cherche plus et se trouve paralysée devant l'abîme des difficultés qui se présentent. En d'autres termes, la pensée apparait bien plus prodigue sur ce qui n'est pas que sur ce qui est. Ainsi la formation des lacunes pourrait se combler par la combinaison des deux cerveaux venant au secours de l'évolution des savoirs.

Le MSS, Mouvement Social du Savoir, contient en puissance la Rénovation Mentale citoyenne poussée par les technologies nouvelles et à venir, par l'informatisation généralisée... préalables naturels et indispensables à la réorganisation sociale dont les réformes ne sont qu'un piétinement passager, principalement fondé sur l'imagination politique contraignante et non pas rigoureuse. Dans ces conditions arbitraires et superficielles les réformes ont toujours conduit à des défauts pratiques et régulièrement remises en chantier. C'est ce qui se passe en France depuis une cinquantaine d'années. Le souhait sincère du plus grand nombre de citoyens est d'être aussi heureux que possible sur terre et il faut reconnaître que jusqu'ici l'inégalité sur ce sujet est considérable... Pourquoi ?

L'économie est nécessairement dirigée à la fois par les concurrences internes et externes, par les banquiers, par la politique, par les marchés mondialisés..., par les technologies et les sciences. Toutes ces influences existent, font osciller et varier les inégalités selon la puissance des savoirs en présence qui sont d'inépuisables générateurs d'idées, de mobilité., de changements et de désirs.

Les exigences fondamentales de la vie sont génétiques à des degrés différents, donc naturel à l'esprit humain.

La socialisation des savoirs s'impose donc à l'esprit comme la mobilité, le changement qui sont des expressions de la liberté.

La création du MSS sera un acte politique fort.

L'accession à l'égalité des savoirs ouvre à l'individu la possibilité de fabriquer lui-même ses compétences pour parvenir à l'égalité qu'il se souhaite ou se promet.

Le cerveau Bio, naturel et le cerveau internetique sont l'un et l'autre abreuvés d'idées et à présent de « données. Que vont-ils en faire ? Rappelons d'abord qu'une 'donnée' est le point de départ d'un raisonnement ; d'un développement. C'est un *Renseignement*, donc un élément fondamental pour toute science trouvant son origine dans l'idée donnée, dans l'action de donner, transformé par le numérique en une avalanche monstrueuse d'informations qui sont sa vie. Selon une étude d'IBM la production journalière de données atteint actuellement une masse de 4 trillions d'octets, base du développement algorithmique de l'intelligence artificielle (I.A.) et de l'internétisme. L'Informatique est l'industrialisation des « données »

Les données construisent le nouveau monde et créent une sorte de terreur au sein d'une partie de la population car l'automatisation des tâches intellectuelles est une avancée inédite dans l'histoire de l'homme et de l'humanité. Elle crée même un type de terreur pour les générations avancées en âge, constatant la disparition systématique de leurs repères habituels de vie, mais aussi pour toute une frange de jeunes qui n'ont pas eu la chance d'être formés aux langages formels, clés d'entrée obligatoire pour les sciences et les mathématiques indispensables à la maitrise du monde numérisé. On peut aussi avancer que la conséquence de cette lacune participe au fondement du 'populisme', traduisant le refus de la complexité incompréhensible du monde technologique devenu vertigineux.

Ceci nous conduit à nouveau et nous transporte vers l'Enseignement qui doit absolument éviter tout décrochage génétique. Et pourtant…

50. FORMER

La socialisation des Savoirs et une nécessité indéniable ; absolue. Il s'agit de connaître et de reconnaitre les intelligences pour leur donner une forme et les former, car le savoir ne peut s'inscrire que dans les intelligences et un problème colossal s'impose très vite : du bas en haut de l'échelle des intelligences : qui va former les formateurs dont la charge naturelle est de gérer les intelligences, de l'enfance à leur maturité ? Ceci pose le problème du professorat dans son intégralité et, bien entendu, celui des inégalités d'accès à la coopération internétique.

51. RENOUVEAU MENTAL

L'intensité de la problématique ci-dessus est due au fait que la population française, tout comme de nombreuses autres, subit une détérioration constante de l'action et de l'effort neuronal ; elle apparait dans l'ordre génétique héréditaire et se poursuit dans un déficit du « vouloir » en matière d'enseignement. Ceci se traduit par un corps professoral provoquant des plaintes récurrentes sur sa qualité tant dans le recrutement que dans l'enseignement dès l'école primaire. C'est une énorme problématique appelant, exigeant de véritables réformes qui n'apparaissent jamais : toutes les autres en seraient pourtant dépendantes. Le problème a souvent été posé par d'éminents politiques avec l'illusion de faire quelque chose plutôt qu'en ne les posant pas. D'où l'urgence de la mise en place de la socialisation du savoir qui doit être la manière et la matière du rattrapage pour se dédommager à la fois du retard et de l'insuffisance cumulés.

Le véritable changement aujourd'hui est, sans aucun doute, dans le renforcement des intelligences, la recherche et la liste des moyens permettant d'y parvenir réellement. Le positionnement et la disponibilité de la coopération entre le cerveau biologique et le cerveau internétique forment une circonstance absolument déterminante pour sa mise en place et il est normal d'estimer à 80% le pourcentage de la population en position de soutenir les dispositifs de son succès. Ces 80% représentent la « soif » d'intelligence portée par les couloirs de la population couvrant la catégorie modeste » et « aisée » responsable de l'hérédité cérébrale concernée. Il reste ainsi 20% hors des couloirs éducatifs. Ces 20% sont des jeunes, ni étudiants, ni en formation ni employés. Ils sont en inégalité totale et personne n'y peut actuellement rien ; ils existent physiquement mais sont en déficit d'intelligence et l'école ne leur a pas apporté beaucoup. Ces 20% représentent cependant une valeur humaine réelle et l'organisation de la socialisation des savoirs leur apportera, au minimum, la technologie d'un apprentissage d'ouverture.

52. VALORISER

Le but de l'effort neuronal national est un renforcement de la création valorisante cérébrale. Tout progrès économique, social, politique ou autre sera un agrandissement de cet effort, certes complexe, mais peut-être moins difficile qu'imaginé parce qu'il est attendu, souhaité, compris et soutenu par la révolution internétique. De plus, la composante politique apporte un soutien inconditionnel à l'action publique concernant l'informatique, l'intelligence artificielle, la connexion obligatoire administrative… En réalité, il s'agit donc bien d'un *changement* considérable sous la simplicité de l'apparence. Cette situation psychologique nouvelle implique également de prendre en considération de nombreux autres mini changements transformant de manière inédite la vie citoyenne de la jeune et moyenne génération en ce début de siècle…, et ce n'est qu'un début haletant si l'on pense aux effets ajoutés de la 5G dans le monde

Indépendamment de l'inégalité physique la seule inégalité qui compte vraiment et qui importe est le niveau d'inégalité neuronale ou mentale dont les écarts doivent être réduits à défaut de ne pouvoir absolument pas être supprimés. Actuellement une seule mesure, le QI, détermine ces écarts et n'a jamais été adoptée officiellement car elle est incompatible et inexprimable dans un langage politique. Ces dispositifs de mesures sont par conséquent à revoir, d'autant plus que l'élément capital, la plasticité cérébrale, est l'une des raisons scientifiques et essentielles des différences existantes. Cela a déjà été dit dans les premiers chapitres de cet ouvrage mais il est bon d'y revenir et d'insister sur le nécessaire aménagement de la mesure du QI, ou de révolutionner ce quotient puisqu'il a été imaginé il y a près d'une centaine d'années et que, depuis, d'énormes avancées dans la connaissance du cerveau ont été réalisées. La mesure des écarts cognitifs sont admis et connus : ils font la différence de l'humanité et le temps est venu de faire des éléments de cette mesure renouvelée les objectifs et les modifications à concevoir pour combler les déficiences de la « matière grise ».

Lorsque cette étape sera franchie tout pourra dès lors être considéré de manière et avec des objectifs différents et de nouvelles conditions spécifiques pour les atteindre. Sans doute, le corps professoral qui est présentement bridé par le niveau, extrêmement variable des élèves, pourra-t-il se déployer dans de biens meilleures conditions. Le déficit en matière « d'intelligence » étant reconnu et admis au travers de la responsabilité héréditaire de chacun au sujet de tous, n'étant donc plus un tabou, pourra s'officialiser et valoriser ses effets.

Pour l'exemple et parmi beaucoup d'autres, les classes pourront s'organiser par niveaux d'intelligence, de savoirs…et non par niveaux d'âges. Les aides apportés aux parents d'élèves acceptant, (autre exemple) les médicaments nouveaux et spécifiques comme ceux aujourd'hui contre la grippe, seront d'abord et avant tout remerciés et valorisée par les succès scolaires et la perspective de suites professionnelles enviables.

La valorisation de l'individu se renforcera aussi par la montée en puissance des capacités contenues dans les deux grandes mamelles de la formation humaine : l'éducation et l'enseignement dont les contenus disposeront de nouveaux moyens d'exploitations et de valorisations.

Le rôle de l'éducation est d'éduquer, c'est-à-dire de développer et de renforcer la connaissance de l'esprit et ses fonctions électro-ondulatoires qui vont réserver beaucoup de surprises lorsque leur exploitation sera du ressort de la puissance technologique d'investigations des neurosciences numérisées.

Quant à l'Enseignement, qui consiste à transmettre les connaissances et les savoirs, la coopération internetique réserve aussi beaucoup d'étonnements, à la fois dans l'élargissement des aspects fondamentaux du savoir et de sa transmission par la coopération internétique et par les nouveaux apports des neurosciences éducatives.

La valorisation de l'individu par celles de l'esprit et des connaissances, sont des clés d'ouverture offertes aux nouvelles générations de l'humanité ; toutefois, leur futurologie précise est impossible à écrire du fait de ce qui précède mais aussi parce que l'éducation doit développer un nouvel enseignement dont les conséquences vont renforcer et certainement valoriser les forces de l'esprit et des connaissances. Il s'agit de l'Informatique. Elle est devenue une science. Or, le travail de l'intelligence vise avant tout à maîtriser sa matière, en l'occurrence les « données » dont l'informatique est devenue l'industrie d'exploitation. Sa valeur, comme dans toutes les autres industries, va se mesurer à l'importance et à la force qu'elle apporte pour maîtriser la réalité de sa matière, ici les données. Cependant, si l'intelligence de l'informatique est faite pour utiliser les données, c'est donc aussi sur la structure des données que va se modeler, en partie, celle de l'intelligence informatique.

L'informatique est au début de son enseignement et va devenir un nouveau savoir, une nouvelle science de transformations économiques, sociales et sociétales ; son influence se transformera en « puissance » puis en véritable « pouvoir », déjà démontré dans son état de jeunesse par les GAFA et autres NBIC (Nanotechnologies, Biotechnologies, Informatique, Sciences cognitives) dont les débordements illégaux sont devenus quasiment incontrôlables. Et ceci signifie qu'il s'agit bien d'une maturité dangereusement incontrôlée. D'où le souci d'une I.A. de même nature. Il convient cependant de relativiser et de déterminer les limites des réelles possibilités de l'Intelligence Artificielle (1A), laquelle n'existe que par la présence et les données produites par l'intelligence biologique ou naturelle.

Une chose est la quantité dont l'IA peut être et devenir championne toutes catégories ; une autre est la qualité, c'est-à-dire avoir les propriétés réalisant de véritables créations : l'Eurêka d'une géniale intuition, pour l'exemple.

L'Enseignement Informatique est une nouvelle histoire industrielle qui s'ouvre et qui ne se refermera pas avant longtemps. Sa matière première, les données, succède au bois, au charbon, au pétrole bientôt mais aura toujours besoin, pour se propulser et battre ses propres records, d'énergies cérébrale et physique contenant les potentialités permettant d'accéder au

« Sublime » des inégalités évoqué plus avant (P.45). Pour le dire brièvement, l'Enseignement informatique constitue une révision générale des savoirs qui vont se performer par les leviers de la couverture des techniques informatiques.

La Socialisation des Savoirs est une avancée inscrite dans l'évolution normale des populations humaines se réalisant par vagues successives plus ou moins fortes, mais toujours porteuses d'éléments d'avenirs, parmi lesquels vont se déterminer de nouvelles inégalités. Tout enseignement nouveau ou renforcé provoque de nouvelles inégalités constituées de tous ceux qui n'y participent pas, en attente dans les « couloirs », d'une autre « idée générale » qui devra trouver sa solution cérébrale précise offrant l'accès à une meilleure inégalité. Mais, attention…. L'Enseignement informatique possède un résiduel canaille : c'est en effet également la très bonne formation pour futurs 'hackers' et la porte grande ouverte aux arnaques informatiques pouvant aller jusqu'à la paralysie systémique. Par conséquent création aussi, à partir du creuset de « l'idée générale » d'inégalités crapuleuses issues d'un nouveau Savoir…

53. L'IMAGINAIRE OU L'OBSTACLE DE « L'IDEE GENERALE »

Le Savoir est l'absolu contraire de « l'idée générale ». Cette dernière regroupe un nombre indéfini de choses et de concepts et encombrera tout esprit tant qu'il cherchera à comprendre et qu'il ne sera pas consolidé par un mot, un terme lui apportant la clarté attendue. Toutefois, deux types de clarté existent : celui présentant une idée nouvelle faisant références à des éléments du savoir, l'esprit récepteur trouve dans le nouveau de l'ancien qui le met à l'aise. Le second type est l'idée absolument neuve et simple que l'on reçoit comme un coup de poing. Elle parait fascinante et parfois incompréhensible. Après réflexions, le même esprit compare, rejette les idées générales de l'ancien, découvre l'apport de l'idée neuve qui sera définitivement admise et remplacera la première.

La généralisation relative à l'évolution humaine est une sorte d'habitude qu'il faut faire remonter aux champs de la pensée afin de la confronter aux progrès biologiques et à leur influence héréditaire. Il est alors facile de constater que depuis un siècle et spécifiquement depuis 50 ans il se confirme formellement que l'essence de l'homme est bien d'imaginer et de produire des outils, des idées, de se produire et de se renforcer lui-même. Mais il lui faut se méfier et s'éloigner des porteurs et distributeurs d'idées générales dont les pensées ne sont souvent que mascarades ou simple reflet de leur propre parole.

54. SOCIALISATION DES SAVOIRS, VALORISATIONS GLOBALES, AUGMENTATION GENERATIONNELLE.

Ces trois objectifs sont les pivots structurants des inégalités et correspondent à une écologie du cerveau tendant à observer comment se pose à présent l'adaptation de l'individu à l'environnement des autres cerveaux. Leur proximité et même leur parenté à partir des vagues de connexions techniques et internétiques n'est plus seulement abstraite mais bien réelle par la masse des systèmes reliant tout ce qui pense ou seulement semble pouvoir penser. Cette évolution, toute proche d'une révolution, multiplie à l'infini ses effets économiques et sociaux. Le moment est arrivé où le cerveau n'est plus le monopole de sa propre identité : il se trouve partagé, mis en commun par des technologies dites 'nouvelles' mais néanmoins débutantes. Exemple : alors que la monopolisation de telle ou telle activité économique ou industrielle est évoquée en Europe, c'est aux USA et en Chine que la monopolisation des cerveaux s'organise puissamment en vue d'exporter ses effets (encore *globalement inconnus)* et ses bénéfices partout ailleurs dans un nombre monstrueux de formes et d'attraits.

L'idée de la socialisation des savoirs, telle que nous l'entendons ici, n'est encore nulle part évoquée bien que différents éléments de sa puissance potentielle soient en fonction discrète dans plusieurs établissements d'Amérique et d'Asie.

Pour ce qui nous concerne et spécialement dans le présent ouvrage, nous mettons de côté l'Intelligence Artificielle (I.A.) que nous considérons comme étant essentiellement l'outil permettant au cerveau d'approfondir et de concrétiser les nouveaux horizons qu'elle ouvre et les savoirs anciens et nouveaux qu'elle souhaite transcender.

Il est, en conscience, évident pour tous parents ou couples en puissance de procréer que leur préoccupation première, principale, est le niveau d'intelligence qu'ils transmettront héréditairement. ; ensuite, comment cette intelligence pourra être développée par leur descendance par les nouvelles techniques de trans mission des savoirs, enfin la préoccupation des ressources neuronales qui pourront être acquises pour renforcer ce qui est nommé « intelligence ». Cette vision est partagée par de très nombreuses familles et il n'est pour s'en persuader que d'écouter et analyser les commentaires des parents d'élèves dans leurs nombreuses réunions des écoles et lycées.

55. MAIS POURQUOI LES SOCIALISATIONS DES SAVOIRS ?

Pour rappel, la socialisation des savoirs consiste en la formation sociétale aux savoirs nouveaux, aux nouvelles méthodes des savoirs ; aux nouvelles technologies appliquées aux nouveaux savoirs, enfin, et surtout, en la stimulation neuro-cérébrale qu'il importe d'appliquer à la plus grande partie possible de la population.

Une véritable socialisation des savoirs est indispensable pour toute activité moderne et indispensable aussi pour une sérieuse réduction des inégalités due au déficit naturel cérébral que chacun peut estimer avoir. L'insuffisance de savoirs est le fléau principal des temps technologiques et pour le combattre il faut d'abord en avoir l'envie et ensuite la possibilité.

L'envie est le point de départ volontaire et personnel de cette socialisation qui devient plurielle au niveau des groupes familiaux : elle doit également être stimulée et c'est l'acte premier ouvrant la voie au second processus.

L'envie des savoirs est un besoin social qui va devenir quasiment organique, une déficience ressentie de compréhension qui ne doit pas et qui ne peut pas rester en l'état. Cette situation appelle sa solution qui est en parallèle celle de l'Etat et de ses citoyens. Comment comprendre l'économie numérique dans ses coins et recoins au plan familial comme à celui de toute responsabilité lucrative ? La comprendre et la situer dans ses effets c'est se préparer à travailler avec, à enrichir ses propres performances.

Le succès des connexions de n'importe quoi à n'importe qui est symptomatique de ce qui précède : l'esprit citoyen veut savoir, veut apprécier, ne veut pas être dépassé... Mais, la connexion est un résultat de fonctions numériques précises, devant être comprises par tous, ce qui n'est pas vraiment le cas. Le terrifiant développement logiciel et algorithmique a produit en quelques années une brochette de milliardaires d'un côté, des cyclistes auto-entrepreneurs-livreurs d'un autre côté risquant leur vie pour quelques centaines d'euros par mois au mieux. L'économie envahissante des plateformes est également un raccourci drastique des circuits supprimant les intermédiaires, connectant directement l'offreur et le demandeur à l'aide du couple transgressant 'algorithme-logiciel' : il y a eu (hier), un « avant » ; il y a un « présent » l'un et l'autre préparant l'« avenir » d'un nouveau cycle...

56. JUSQU'AU 20è SIECLE l'économie était une chaine de valeurs composée de trois grandeurs : la Production, la Consommation, l'Echange. Chaque représentant de ces grandeurs, le producteur, le consommateur, l'intermédiaire cherchait l'information lui permettant d'agir au mieux de ses intérêts ; en finale chacun était valorisé par l'acheteur ou le consommateur.

57. MAINTENANT, avec l'économie numérique, l'algorithme et le logiciel sont <rois>. Ils détiennent l'information infiniment plus approfondie, qui devient l'informatique et, dès cet instant, le consommateur où qu'il soit et quel que soit son besoin n'a plus à se déplacer : il peut choisir instantanément sur son téléphone, son ordinateur, sa Tablette...n'importe quel produit ou service qu'il veut. Le vendeur auquel il s'adresse est un logiciel qui offre instantanément tous les renseignements nécessaires : photos, variantes, prix, occasion, livraisons, etc. Tout étant rétribué par le logiciel vendeur, premier maillon de la chaine de valeurs accompagnant aussi les données qu'il va enregistrer et diffuser, éventuellement rétribuer dans un cadre fixé à l'avance. Quel que soit le produit, l'acheteur, le lieu, le logiciel dédié au produit va être le maître du jeu, va gérer la totalité des demandes... Les rendements seront d'autant plus importants que le nombre d'acheteurs, sollicités pour tous produits équivalents ou proches et correspondant à l'analyse des données, seront nombreux.

58. DEPUIS ET JUSQUE VERS 2050, L'Information qui avait originellement pour but et mission d'instruire, puis de renseigner a totalement été transformée **en Informatique.** Portée et élevée au rang de Matière Première, l'information a absorbé tous les progrès numériques et algorithmiques et notamment ceux de la logique de G. BOOLE, révélant la machine d'A.TURING suivi de son principe d'indécidabilité. Ces avancées, associées aux contenus de l'information et traitées par l'ordinateur ont boosté l'informatique et confirmé sa destinée stratégique. L'informatique est devenue le développeur absolu de l'information et de sa révolution silencieuse. La logique de la nouvelle économie est celle de l'information parfaite en permanence, toujours recherchée, et toujours perfectible parce que sa plus haute qualité possible ne sera jamais définitivement obtenue : une nouvelle vérité surgira fatalement, effaçant les erreurs d'avant. Disposant d'une force phénoménale, jamais l'informatique n'a pris autant d'importance. La Nouvelle Vérité produite par l'information informatisée, est que la possibilité de concevoir, de posséder, de détenir et réaliser le contenu d'un nouveau projet informationnel est infiniment plus important et plus productif que toutes les matières et les matériels physiques qui serviront à l'utiliser : les Plateformes planétaires et milliardaires en sont la démonstration, mais leur réussite est aussi l'expression de longues années de travaux et d'investissements.

La nouvelle économie, la nouvelle pensée économique sont le centre et le principe de l'économie informationnelle apportant la robotique et l'inintelligence artificielle. Les Plateformes sont l'exemple agrégeant toute l'information nécessaire au bon fonctionnement des composants de son objet et des points essentiels de leur usage et de leur finalité.

59. ET ENSUITE ....

Par degrés successifs et rapides, la nouvelle économie (mondiale) va devoir procéder à l'organisation de la valorisation des populations nationales. La vision politique vraiment stratégique est de proposer aux citoyens et de les doter des moyens neuro-médicaux capables de combler la déficience ou l'insuffisance des savoirs. Mais attention, il ne faut pas se tromper et induire involontairement en erreur ses ressortissants. L'objectif visé est le cerveau et non l'intelligence artificielle et ses mécanismes de calculs, de mémorisation de performances diverses car il ne s'agit pas là d'intelligence mais de la main du cerveau, d'une béquille de transistors indispensable certes pour aller plus loin et plus vite, en surface mais pas en profondeur. Il ne faut surtout pas confondre cette I.A. et ses produits dérivés qui en sont autant d'applications, c'est-à-dire les robots, les téléphones, l'infinité des produits connectés, tous ressortissent de l'I.A. conçus par le cerveau à matière grise et la liste de ses transfuges est loin d'être tarie.

60. ...UNE EVOLUTION DIFFERENTE DES AUTRES.

Il faut donc bien se garder d'inverser les rôles et les temps : l'I.A. possède tous les avantages de la rapidité, de la mobilité et de tout ce qu'on pourra imaginer lui demander de répétitif parce qu'elle ne fait que répondre aux demandes, aux besoins, aux nécessités du cerveau humain son co-équipier. Tout ce dont et sera capable l'I.A. n'aurait aucun sens sans les objectifs, l'orientation et la finalité humaine qui est et restera l'essence de l'I.A. Quel serait le sens de l'I.A. si l'I.B. n'était pas son « challenge » ? En d'autres termes, l'intelligence humaine de l'homme a construit et fait sommation à l'intelligence artificielle de se dépasser pour utiliser ses propres dépassements de savoirs ou de pouvoirs, mais en restant « le patron », c'est-à-dire le protecteur de l'humanité, mais pas de l'algorithme.

61. CERVEAUX, INEGALITES, INTELLIGENCES.

Ces trois-là sont formés d'éléments multiples et de plusieurs principes qui ont forgé le monde et son économie. Ils vont devoir continuer car rien ne peut le faire à leur place. La Socialisation des Savoirs doit occuper la première place des préoccupations et être aussi la cause première des fondements d'un degré supplémentaire d'évolution. Il ne fait guère d'incertitude de la confirmation du désir collectif d'améliorer les savoirs et de renforcer les capacités individuelles. Toutefois, et cela a déjà été précisé, cette évolution est de la compétence de l'Education Nationale (en France) qui doit élever sa plateforme d'accessions aux nouveaux savoirs pour tous en fonction des couloirs et du niveau impliqué. L'objection inévitable relative aux financements d'un tel objectif relèvera du débat politique normal, mais ne pourra être que levé en finale parce que toute la vitalité de l'économie en dépendra. Pour exemple et, sans faire de « prospective » mais une simple anticipation prescrite dans les obligations humaines, un développement important des savoirs d'une génération **A** provoquera une croissance sensible de la productivité globale et modifiera l'ensemble du rythme de l'activité et des échanges. L'effet levier de cette première génération des savoirs augmentés apportera en hérédité à la génération **B** une stimulation générale au profit de la génération **C** qui confirmera définitivement le processus hélicoïdal.

Qu'en sera-t-il des inégalités ? Elles seront toujours là, mais plus lissées et plus supportables.

62. PROCESSUS DE VALORISATION GLOBALE

L'apport d'une solution pour la mise en œuvre de la Socialisation des Savoirs commence par un appel à la science qui depuis longtemps déjà vise à nous rendre plus ou moins maîtres de la matière grise, composante de l'intelligence et des savoirs. Bien qu'encore insuffisantes, les avancées considérables des connaissances autorisent à présent le recours à des solutions *d'augmentation, de valorisation* de la « matière » de l'intelligence humaine et cette solution inédite depuis l'origine de l'humanité donne toute son importance à la problématique même de la valorisation en spirale infinie des savoirs. Il ne s'agit donc pas d'intelligence artificielle, mais d'accroissement constant des connaissances irrémédiablement indispensables à la coopération des intelligences, assez largement évoquées plus avant dans l'ouvrage.

Pour mener à son terme la valorisation globale des savoirs les avancées scientifiques actuelles sont indispensables mais ne suffiront pas, d'autres suivront et le plus important sera l'existence d'une volonté consciente de les encourager et surtout de les utiliser. Pour cela, il faut que les enjeux soient bien compris et leur ambition acceptée : ils sont une formulation élargie de l'information et de l'informatique : en posséder les savoirs équivaut pour une population « avancée » et « augmentée » lui apporter un pouvoir de vie justifiant tous les efforts politiques de développement démocratique total. *Le pouvoir du savoir est le plus important multiplicateur du pouvoir d'achats...*

Les Sciences, l'Economie, la Politique... sont les trois forces divergentes qui vont avoir la responsabilité de l'organisation et du développement de la socialisation et de la sociétisation des Savoirs. Cela fait beaucoup de responsabilités et de responsables à mettre en ordre de marche et en actions. Il convient de préciser : par rapport aux politiques quinquennales (françaises) habituelles et à la politique des « savoirs », il faut à la fois une différence de méthode et une différence de valeurs. La méthodologie du savoir exige la précision et sa valorisation implique la vision et l'ambition.

D'abord une observation qui n'est tardive qu'en apparence : Existe-t-il matière à délibérer, à se prononcer sur la socialisation du savoir ?   Une réponse positive signifierait l'existence d'opposition sur ce sujet. La réponse est que cette socialisation a commencé dans le monde avec la création des premières écoles et des premiers enseignants religieux il y a plus de mille ans et n'a cessé progresser en quantité d'enseignements. La décision sur l'essentiel est donc prise depuis longtemps par des cerveaux avides de progrès. Par contre, sur ce qui est important et qui consiste à valoriser *connaissance et savoir*, ce qui n'est pas tout-à fait la même chose, il faut préciser et lancer la réflexion.

Connaître relève d'un acte, d'une sorte de décision, du type 'prendre connaissance de...' ou mieux : avoir une habileté et une possibilité de faire...et donc de participer à un 'acte', une action.

Savoir, c'est la possibilité de réaliser et d'aboutir à un résultat ; c'est en quelque sorte la pratique, le travail face à la discipline.

Savoir n'est pas suffisant et ne serait rien sans la connaissance qui implique et n'existerait pas sans la pensée qui donne l'idée et ouvre le choix et les valeurs.

Ceci nous conduit directement à la valorisation, à la valeur et au sens que doit avoir la socialisation des savoirs lesquels, au pluriel, impliquent l'échange.

La Valeur en elle-même est inclusive de la dignité et donc ne s'échange pas. Les savoirs au contraire sont un vaste échange de cerveaux allant jusqu'à l'inestimable : peut-on donner un prix, une valeur aux désirs de la maîtrise des savoirs qui apportent tout ?

C'est précisément cette valorisation, fatalement jamais assouvie, qui fait sa puissance.

CHAPITRE 10

NEURO-VALORISATION

63. NEUROVALORISATIONS : LES BASES

Le cerveau humain est très loin de son potentiel et de ses potentialités : sa structure, son assemblage, son « appareillage » en font une force active naturellement considérable, mais qui peut spécifiquement être encore améliorée. Un rappel, forcément très limité à ce qui le constitue et le structure depuis le moment de sa fécondation va montrer sa différence avec l'ordinateur son double relatif : l'un et l'autre étant aussi nommés « machine ».

Le cerveau est effectivement la plus formidable machine à information, créée pour l'homme, indépendamment de lui, au cours de millions ou milliards d'années d'accumulation d'expériences et de morphogenèse avec ses lois de développement des formes vivantes : le cerveau pense, cherche à comprendre et à faire comprendre. Sa construction est fondée sur (environ) 100 milliards de neurones, chacun se connectant à 20 000 autres par des synapses, contacts biochimiques, la sortie des neurones est assurée par un seul axone.

L'imagerie permet maintenant de préciser que 16 jours seulement après la fécondation, le cerveau nait, composé d'une forme floue et arrondie faite de cellules indifférenciées, avec à une extrémité le tube neuronal. A chaque minute 200 000 nouveaux neurones se créent en provenance des parois intérieures, jusqu'au 5è mois de la vie fœtale. La Recherche a mis en évidence que la croissance du cerveau était dirigée par les algorithmes de la morphogenèse. On perçoit rapidement l'énorme différence structurelle existante entre cerveau et ordinateur : l'un est totalement biologique, donc un organisme vivant, l'autre un « matériel » fabriqué par et sous l'autorité du biologique parce qu'indispensable à son prolongement et à la construction de fonctions de nature à développer sa mémoire, sa compréhension et la pensée informative enfin pour renforcer l'informatique de demain. La pensée et l'outil, *vs la pensée et la machine de Alan. TURING*, ont fait du XX è siècle le plus grand révélateur de l'esprit préparant une autre révolution initiée par la coopération binaire des deux conduisant à leur inévitable binarité explosive

La nécessité de s'y préparer est une œuvre essentielle pour l'humanité qui n'a jamais pu envisager dans le passé la possibilité d'un tel bouleversement. Les symptômes sociétaux s'accumulent en ce début du 21è siècle. Ils ne pourront être maîtrisés que par le développement citoyen des savoirs et leur socialisation, seul moyen pour les sociétés de cerveaux inégaux de disposer des leviers correspondants aux modifications des forces en présence et de leur nature.

Comment s'y préparer ? Par les savoirs assurément, mais lesquels ? la rapidité révolutionnaire offerte par l'informatique fait partie de sa nécessité, mais son évolution et ce qu'elle entraine avec elle est tellement rapide que c'est le ciel de la pensée qu'il faut interroger pour méditer sur les nouvelles lumières possibles : rien n'est écarté par l'esprit, mais tout dépend des moyens de chacun.

Le certain est que la somme des savoirs existants incite fatalement à une nouvelle vision du monde. Elle sera celle de la pensée et des conditions supplémentaires émergeant de partout et incitant chaque cerveau à trouver son art et les idées essentielles de son développement. L'intense prolifération des savoirs, des connaissances, des perspectives et des projets font de l'art de penser une des clés de la transformation en 'alliance' des connaissances et des savoirs. Cet élargissement mental permanent offre à la pensée les conditions de nouvelles possibilités pour se dépasser et s'enrichir.

Le couple formé par les connaissances et les savoirs et son association irrémédiable avec le couple des mathématiques et de l'informatique va obligatoirement faire émerger de nouvelles lois de la raison. La connaissance est l'idée et le savoir lui apporte la capacité de faire et d'obtenir un résultat ; c'est donc la connaissance qui est à l'origine d'une pensée nouvelle. Mais ce n'est probablement pas assez dire : comment observer le fonctionnement du cerveau et l'évolution des sciences et des savoirs sans reconnaître la certitude de l'existence d'une corrélation et d'être entrainé vers un élargissement mental permanent de valorisation ?

Les savoirs, notamment mathématiques, sont formés de compréhension et de mémoire impliquant une grande part de conventions transformées en *(rebutant)* langage formel de chaque science et savoir. C'est ce qui provoque chez beaucoup d'individus la difficulté ou le rejet des mathématiques qu'il faut absolument surmonter et dépasser pour s'enrichir. Une solution de remplacement serait une nouvelle émergence des lois de la raison, simplifiant les langages formels, en poussant à l'extrême la démonstration analytique.

L'essentiel maintenant est la conquête des cerveaux et des savoirs sans lesquels une nouvelle vision du monde restera impossible ou douteuse. Cette conquête est une vérité non précisément formulée et doit être construite à l'infini sans autre limite que l'objectif atteint. La voie à prendre, peut-être pas la seule, mais celle qui en ce siècle est à notre bonne portée est l'information, qui vient de loin mais est encore plus loin d'être obsolète.

64. L'INFORMATION, VISIONNAIRE DU MONDE

Quelle que soit la quantité phénoménale et la nature des problèmes qui se présentent naturellement, que l'on se pose soi-même, que l'évolution suggère, que l'esprit, la science ou n'importe quelle activité professionnelle implique ou impose... on trouve toujours à l'origine la présence, ou l'absence, de l'information...

L'esprit est information ; la vie est information : aucun acte, aucune pensée, aucune parole ou émotion ne peut s'exprimer que par référence à une donnée ou à une information. L'Enseignement est la première structure informationnelle de l'individu. Pareillement, tout ce qui est créé découle ou provient d'informations constituant réponse ou solution.

Le cerveau ne fonctionne que par et pour l'information et produit la connaissance par une somme spécifique d'informations techniques, pratiques ou technologiques indispensables aux solutions des problématiques. Enfin, l'intelligence peut aussi être définie comme un arrangement d'informations.

Pour abréger, le fil rouge de l'information a dirigé l'esprit pour trouver la science, la technique, les technologies nécessaires à un traitement de la masse des informations universelles : l'informatique était née multipliant à l'infini les capacités et les bouleversements de l'information, sa transversale Internet, l'infinité des connections et des concepts dont l'algorithme et son dérivé l'algèbre.

On comprend bien pourquoi le mot et le concept d'information a été divisé en d'innombrables termes qui ont facilité l'expression de la pensée et celle des conversations, mais on trouve toujours à l'origine de Tout l'idée d'information, donc de donner une forme, d'apporter une représentation, un distillat de l'esprit.

Ce n'est qu'en simplifiant et en ayant l'information comme dénominateur commun qu'une nouvelle vision du monde peut s'établir et propulser le prodige « information » dans le monde prodigieux de sa valorisation.

« INFORMATION » signifie donc beaucoup, énormément ; elle se vit comme une sorte de promesse que l'humanité s'est faite à elle-même pour se donner un sens indestructible. L'Information est donc un bien commun, inaltérable, qui a néanmoins développé une inférence : le *'secret-défense »* pour l'exemple, sous des prétextes qui, en finale sont généralement dérisoires, mais constituent une offense aux citoyens et à la démocratie. Il est un autre mot nécessaire au vocabulaire du monde parce qu'il fait route avec 'elle' ; il s'agit *d'algorithme*, modernisé et employé depuis quelques années et il faut lui donner toute sa valeur car il est lui-même un formidable valorisant de l'humain et l'une des principales clés du monde numérique. Ce mot vient en effet du latin 'Algorithmus'. Vers 1250 c'est le mathématicien arabe HWARIZMI qui a inventé le mot « algorithme », d'où a découlé ensuite l'algèbre. Il importe néanmoins d'ajouter que l'algorithme est devenu un outil informatique, un processus de calcul automatique, automatisable. Ce qui fait son importance est la conception des opérations correspondantes aux données à traiter ; ce n'est donc pas autre chose qu'une opération, un type de calcul comme une addition que l'on peut automatiser mais qui ne comporte aucune spécificité. Mais en informatique la science des algorithmes est centrale et fait appel pour tous ses développements aux mathématiques les plus complexes.

La vision du monde à venir, c'est-à-dire le prolongement de l'actuel, va finaliser sa fondation en structurant et développant l'idée et la pensée algorithmiques, en croisant ses réalités, ses suites et conséquences. L'algorithme est une chose et la pensée algorithmique est une autre chose, bien différente qui, par défaut, va même très au-delà de ses premières applications révolutionnant la plupart des activités économiques. La seconde essentialité est que c'est l'une des principales révélations du bon fonctionnement de nos sens parce que le corps humain est plein de fonctions algorithmiques, ce qui va être détaillé plus loin.

65. LA MARCHE VERS UNE MODIFICATION CULTURELLE DE L'ECONOMIE

Il faut d'abord insister sur le fait que l'algorithme est le premier numériseur qui a permis de numéroter, de distinguer et de calculer les éléments composants les choses, les circuits et la nature physique des uns et des autres. En prenant, malgré toutes les résistances matérielles et humaines la place centrale des activités en remplacement de la physique et de ses aspects, l'informatique devient par sa base « information », le moteur principal du fonctionnement économique, la responsable aussi de la vague montante des inégalités dans leur structure et leur niveau et par conséquent la principale problématique à la fois de l'évolution cérébrale des citoyens, des conditions de l'enseignement et la maîtrise d'un nouveau rapport entre le citoyen et l'information telle qu'elle est présentée plus avant.

La valorisation du savoir, comme toute valorisation trouve à présent son sens et sa valeur par le contenu de l'information qu'elle contient et par-dessus tout par les calculs possibles avec elle, sur elle et ses processus qui font l'informatique. Le numérique utilise la numérisation pour traiter et transformer l'information par algorithme en informatique. Ainsi la conception des célèbres grandes plateformes mondiales est une résultante de l'utilisation de l'idée algorithmique *préalablement à la réflexion sur le résultat qu'on pourrait obtenir de l'utilisation habituelle du physique*. Les moteurs de recherche, l'ubérisation, l'Amazon, les réseaux sociaux... sont le résultat de cette inversion, au demeurant extrêmement coûteuse à mettre au point dans tous ses détails.

Une modification culturelle de l'économie se dévoile : Comment résister, comment ne pas percevoir la révolution qui s'impose à l'esprit économique et à ses fondements. Le physique inverse le sens des valeurs en donnant la priorité à l'idée et à la réflexion et réduit l'importance des concepts en un univers de données numérisées à la disposition de la double intelligence biologique et artificielle. Un doute général s'empare les idées économiques reçues et même nobélisées... Il faudra du temps, mais de nouvelles lumières venant de l'extrême et infinie complexité de la réflexion vont sans aucun doute apparaître : il est déjà flagrant que les nouvelles possibilités offertes par la pensée algorithmique modifient les visions du monde et donc aussi l'art de penser, celui de la politique, de la médecine, de la biologie.

66. LA MASSE HUMAINE ET SA PARTICIPATION A L'EVOLUTION

Pour la biologie, l'informatique est une très grande distinction aussi bien qu'une très grande complémentarité se renforçant continuellement et concerne tous les aspects de la biologie et de ses phénomènes : l'algorithmique est ainsi devenue une partenaire indispensable.

Ce qui est ici incontournable est que l'on peut, et surtout que l'on doit considérer le vivant, c'est-à-dire la biologie en acte, comme un système d'information algorithmique permettant à l'humain de vivre et d'être ce qu'il est. Et ceci signifie que l'information est reçue, traitée et retournée, sans interruption de l'intérieur vers l'extérieur et vice versa en permanence organisant la vie mentale et physique de l'être humain.

A tout seigneur tout honneur, commençons par le cerveau, pièce maîtresse de l'homme et de l'humanité. Il est totalement biologique et sa conception, comme déjà souligné, est très différente de celle des ordinateurs qui ne parviendront jamais à atteindre sa complexité et ses performances. Le cerveau est une machine à information au travers de ses neurones, synapses et dendrites, tous composants et éléments qui possèdent leur plasticité, qui peuvent être excités ou régulés et qui de surcroît disposent d'une antériorité génique influente sur leur activité, alimentée par l'énergie interne autoproduite, transformée en potentiels d'action.

Il est donc nécessaire de préciser la situation et le rôle des principales pièces du cerveau dans la pratique.

26. L'**Axone** est le prolongement d'entrée des impulsions nerveuses du Soma jusqu'à leur sortie participant à la formation synaptique.
27. Le **Soma** est le corps cellulaire du neurone et de son contenu.
28. Le **Neurone** contient les dendrites qui convergent vers le soma et l'axone.
29. Les **Dendrites** reçoivent les contacts synaptiques et les transmet au neurone.
30. La **Synapse** établi la jonction entre neurones et plusieurs catégories cellulaires. On doit distinguer les synapses électriques et chimiques.
31. **Cellule.** Les cellules sont nombreuses et forment les contenants de nombreuses catégories cellulaires assurant le fonctionnement cérébral.

32. **Cervelet :** Structure algorithmique très ancienne du cerveau postérieur, spécialement affectée à la coordination motrice.

33. **Cortex Cérébral /Néocortex :** Substance grise qui constitue la paroi des hémisphères cérébraux.

34. **Dendrites :** multiples prolongements ramifiés de la cellule collectant les signaux produits et transmis au corps du neurone.

35. **Hippocampe :** Circonvolution située dans le lobe temporal.

36. **Hypothalamus :** Ensemble de 22 petits noyaux du cerveau antérieur en dessous de ceux du thalamus. Rôle capital de ses algorithmes pour le comportement vital : alimentation, boissons, sexe, sommeil, température, émotions, hormones, mouvements.

37. **Membrane cellulaire :** parois continues de lipides et de protéines délimitant et enveloppant toute cellule. Elle contient aussi les enzymes et les neurotransmetteurs.

38. **Neurone :** Cellule nerveuse basique (déjà détaillée).

39. **Neurotransmetteur :** Substance chimique assurant la transmission du signal nerveux au niveau de la synapse. Des dizaines de neurotransmetteurs existent dans le cerveau et autant d'algorithmes.

40. **Potentiel de membrane :** Différence de potentiel électrique au niveau de la membrane cellulaire à partir d'une différence de concentration en ions entre intérieur et extérieur de la cellule.

Ces 16 pièces sont importantes mais il en existe beaucoup plus : ce sont en quelque manière les hauts gradés du cerveau commandant et régulant l'ensemble de la matière grise. Chacune de ces pièces est cependant complexe et encore bien plus dans son fonctionnement que dans sa définition. Par comparaison, un transistor dans le cerveau d'un ordinateur n'est rien et pour faire quelque chose il faut en installer des milliards dans le plus petit circuit électronique et restera encore très loin des performances cérébrales courantes. L'architecture de l'ordinateur ne peut atteindre celle du cerveau humain. L'information en est une bonne preuve. L'ordinateur sait la traiter et apportera encore des progrès considérables à la condition que le cerveau humain continue de lui apporter les solutions de ses découvertes et « eurêka » ... De même, la mémoire des ordinateurs peut être fantastique mais sa qualité n'égalera jamais celle du cerveau humain capable d'être valorisée par de multiples raisonnements de la pensée et de ses associations synthétiques...De plus, une faculté cérébrale unique et exceptionnelle existe : il s'agit de la multiplicité des pensées, éventuellement contradictoires, qui s'installent en réserve dans la permanence mentale, créant la différence secrète entre individus. Toutefois, d'intimes forces sont susceptibles de libérer brusquement ces pensées, installant quasiment les individus en opposition à eux-mêmes.

D'autres progrès, notamment ceux de l'imagerie médicale, ont fait apparaître et mieux connaître le comportement et le fonctionnement de l'ensemble des constituants humains. Là encore l'informatique a permis d'obtenir des précisions essentielles pour le traitement des maladies et des défauts. La médecine ne peut plus ignorer ni ne pas utiliser tout ce qui est mis à sa disposition. Cependant et simultanément à cette progression et à la nécessité de ses interprétations compétentes, la médecine classique individuelle se trouve dépassée et dévalorisée, entrainant et créant la grave situation des « déserts médicaux ».

67. PETIT PREAMBULE TECHNIQUE

Les pouvoirs du cerveau pour produire et mettre en action les systèmes reliant dans l'instantané nos sens pour confier à la mémoire certaines choses, pour en communiquer d'autres instantanément d'un individu à un autre où qu'ils se trouvent, en utilisant les signaux évocateurs, sont évidemment remarquables. Leur merveilleuse coordination réside dans l'activité algorithmique, en liaison avec la neurobiologie surveillante et responsable du bon fonctionnement des 16 pièces listées plus haut et dont l'activité est incessante de leur vie à leur mort. Tout Savoir, toute Science, est par conséquent en attente de valorisation, susceptible de provenir de partout, n'importe quand.

Les prévisions, les prévisionnistes de toutes sortes ont eu la part belle au cours des quelques années précédant et suivant l'arrivée du 21è Siècle. Leur logique pour prédire ou annoncer ce qui allait probablement intervenir était d'emblée captivante, d'abord parce qu'attendue, ensuite par l'espérance d'un fantastique renouveau...

On était donc tout près de l'année mythique2000, c'est-à-dire que c'était il y a seulement 20 ans. Le cerveau, déjà grand maître de l'histoire était présenté comme l'enjeu majeur de la Recherche et l'on apprenait qu'il était composé de mémoires interconnectées dans chaque aspect de l'expression humaine : langage, parole, souvenirs... dans une zone ou une autre pouvant être éloignée ou non l'une de l'autre... On apprenait aussi que les neurones évoluaient dans un espace intercellulaire... et bien d'autres balivernes de cette sorte. Pauvres chercheurs !...

L'imagination concernant les catastrophes menaçantes était intarissable : à tout instant, n'importe où, en provenance du ciel, des tempêtes ravageuses, disparition du Nil...Tout devenait possibilité de malheurs. Stoppons là : aucune de ces « prévisions logiques » ne s'est heureusement avérée juste. La logique probabiliste apprenait également que vers 2020/25, L'Inde devenait une nation géante à l'égal de la Chine par sa population et devait s'allier avec la Russie pour bloquer ou contrer la puissance chinoise. La logique imaginative apparait finalement assez dangereuse ; à tout prendre la logique de l'inévitable est plus crédible.

Las. Aucune ne s'est avérée juste ou justement approchante. Aucune, même parmi les auteurs renommés et les plus largement chevronnés, n'a entrevu l'arrivée massive de l'informatique et ses effets sur le monde, cela malgré quelques fantasmes au sujet des ordinateurs ou à ceux concernant l'Enseignement. Dans ce dernier domaine la préoccupation principale était le développement de l'alphabétisation, sujet certes important, mais au 21è Siècle …quand même…

Il y a par conséquent un risque sérieux de s'engager dans un propos forcément théorique qui, même traité avec soin, s'expose à devenir rapidement caduc, ignoré ou, au contraire peut être promu comme un « fait » …

Le 21è Siècle sera-t-il dans l'Histoire le plus spéculatif à la fois pour les savoirs, les sciences et l'individu ? Seconde interrogation, comment vivre au milieu de nouveaux cerveaux ? Troisième interrogation : comment les inégalités seront-elles créatrices de savoirs ? Quatrième interrogation : Quel sera le premier démiurge qui parviendra à posséder mentalement une Nation ?

Comment répondre à ces interrogations sans se référer aux conséquences de l'inévitable ; de l'inéluctable ? Par exemple, **d'abord** comment éviter la perte de valeur de l'être humain qui se précise à chaque anniversaire en considérant la courbe ascendante et descendante de nos espaces biologiques internes responsables de nos activités, de nos rythmes, de nos capacités mentales et physiques dans leur ensemble ?

Ensuite, que représente l'individu ? Sa valeur personnelle est liée à celle de la biologie de son cerveau, par extension à celle de tous les individus de même catégorie biologique et ensuite algorithmique. Toutefois, et le mot l'indique précisément, l'individu est indivis, indivisible ; il peut se regrouper, former une collectivité mais il restera lui-même ou deviendra « plus » s'il parvient à être 'augmenté'. Cette structure humaine, jusqu'ici apparemment inamovible est en position de se modifier.

Ce sont, dans les faits, les bio-informaticiens qui ont suggéré que nos organismes vitaux étaient des algorithmes, mais il n'y a pas de machine de Turing dans le corps humain. Par conséquent, si l'on supprime cette fiction *(et celle de 'l'esprit')* toute une partie, importante, du raisonnement sur l'avenir et la place de l'individu dans cet avenir est à revoir. En profondeur.

L'idée de l'individu algorithmique est une vision de la mode biologique et bio-algorithmique. L'avenir et celui de l'homme seront très différents selon qu'il y aurait ou non une réalité structurelle algorithmique ou son équivalence, qu'ils coexisteraient réellement ou artificiellement ou non, dans le corps humain. En d'autres termes ceci signifie que la biologie se présente maintenant comme une donnée politique puisque selon l'efficacité des différentes pièces biologiques assurant le fonctionnement de l'individu, celui-ci ne disposera pas des mêmes libertés et n'aura pas la même valeur qu'un autre. Le principe révolutionnaire des Droits de l'homme garantissant à tous la même liberté, la même valeur, la même égalité devient alors caduque. De la même manière, la démocratie perd ses bases fondamentales. Cette situation, jamais vue depuis la

« création », ouvre toutes grandes les portes d'un renouveau politique et sociétal en France comme ailleurs. Et cela de toutes façons parce que trois hypothèses sont en présence, dont l'une au moins cristallisera l'avenir.

a) Les biologistes en évoquant les organes algorithmiques ont en fait présenté une proposition d'attente ;

b) Ces organes centraux ont un fonctionnement proche des algorithmes, mais n'en sont pas vraiment ; la médecine aura fort à faire pour découvrir le modèle compensateur ;

c) L'approfondissement des recherches en cours conduira à définir l'existence de l'équivalence algorithmique afin de contrôler définitivement le fonctionnement de ces organes et d'en avoir la maîtrise.

L'inéluctable « c » arrivera lorsque la recherche biologique aura découvert le fonctionnement naturel, dit aujourd'hui « algorithmique » mais qui sera en réalité bien plus compliqué dans sa simplicité et donc reproductible, en liaison avec le cérébral.

C'est alors qu'une nouvelle Révolution s'organisera pour renforcer et contrôler nos organes naturels par des appareils biométriques, des organes bioniques lesquels seront assistés d'algorithmes spécifiques permettant de contrôler le bon fonctionnement du 'naturel' simultanément à leur prise en mains par l'informatisation humaine.

La suite arrivera rapidement : la folie déjà bien prospère des appareils connectés trouvera un extraordinaire marché de développement avec la sophistication des appareils qui pourront directement agir sur nos organes et « algorithmes » internes en liaison avec une nouvelle branche de médecine biomatique. Mais il y a pire. Il est en effet certain que la couverture des algorithmiques, ou équivalents, de nos organes par la diversité des connexions reliée à l'infinité des appareils allant de la petite bague ou joyau, à la montre-bracelet, au stylo ou toutes choses pouvant être connectés à nos organes et par conséquent contrôlables par des plateformes informatiques, mettent l'individu en total danger de dépendance de tout, de n'importe qui ou de n'importe quoi, sans oublier l'ordinateur…. Le seul recours est le cerveau qui peut également être connecté mais capable de réagir en annulation d'effets de la connexion à la condition que l'ADN libérale soit présente et que la liberté en tout soit la génétique dudit cerveau.

Ce sera donc aussi le commencement de la socialisation des savoirs constituant un relais entre   l'homme qui, devenant de plus en plus commun perdra de sa valeur intrinsèque et l'individu qui utilisera son équipement biomatique pour accéder aux valorisations ajustées à ses capacités, à sa contenance mentale, à son arrangement logique avec l'ordinateur de départage des tâches.

Le danger, la grande menace est la possibilité d'accession à ces savoirs risquant de développer une classe particulière de privilégiés des connaissances ouvrant une perspective d'élargissement des inégalités, c'est-à-dire le contraire absolu de l'objectif.
L'utilisation des « Couloirs » devrait assurer un regroupement des individualités adaptés aux nouveaux et exceptionnels services de la biologie.

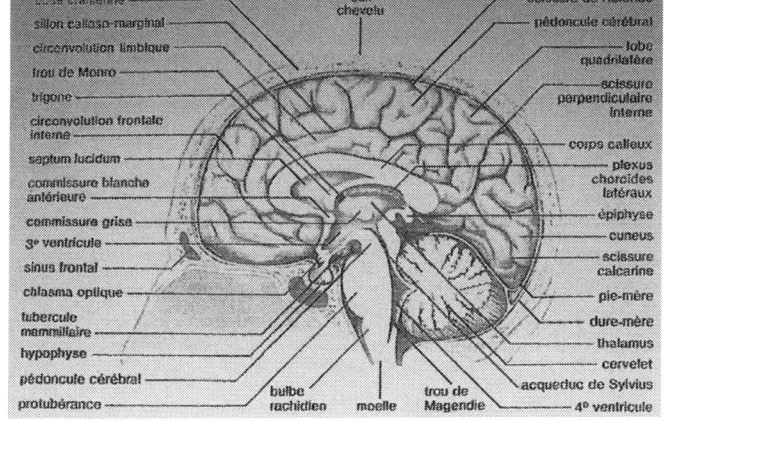

boîte crânienne
sillon calloso-marginal
circonvolution limbique
trou de Monro
trigone
circonvolution frontale interne
septum lucidum
commissure blanche antérieure
commissure grise
3e ventricule
sinus frontal
chiasma optique
tubercule mammillaire
hypophyse
pédoncule cérébral
protubérance

cuir chevelu

scissure de Rolando
pédoncule cérébral
lobe quadrilatère
scissure perpendiculaire interne
corps calleux
plexus choroïdes latéraux
épiphyse
cuneus
scissure calcarine
pie-mère
dure-mère
thalamus
cervelet
acqueduc de Sylvius
4e ventricule

bulbe rachidien   moelle   trou de Magendie

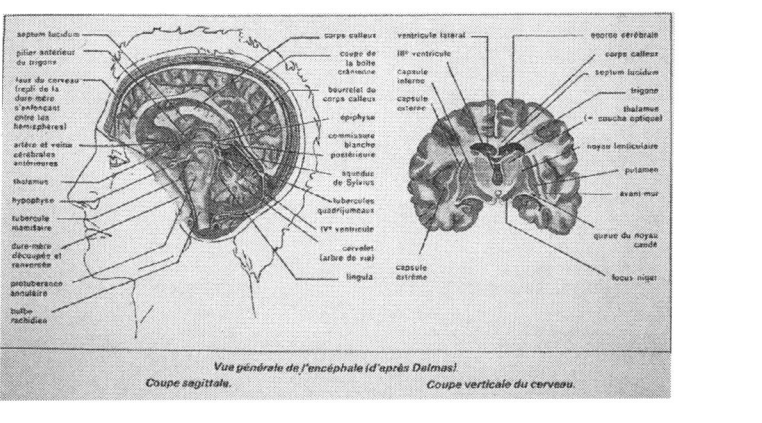

septum lucidum
pilier antérieur du trigone
faux du cerveau repli de la dure-mère s'enfonçant entre les hémisphères
artère et veine cérébrales antérieures
thalamus
hypophyse
tubercule mamillaire
dure-mère découpée et renversée
protubérance annulaire
bulbe rachidien

corps calleux
coupe de la boîte crânienne
bourrelet du corps calleux
épiphyse
commissure blanche postérieure
aqueduc de Sylvius
tubercules quadrijumeaux
IVe ventricule
cervelet (arbre de vie)
lingula

ventricule latéral
IIIe ventricule
capsule interne
capsule externe

écorce cérébrale
corps calleux
septum lucidum
trigone
thalamus (= couche optique)
noyau lenticulaire
putamen
avant mur
queue du noyau caudé
locus niger

capsule extrême

Vue générale de l'encéphale (d'après Delmas).
Coupe sagittale.   Coupe verticale du cerveau.

CHAPITRE 11

LE CERVEAU

EN

INCANDESCENCE

PERMANENTE

68. L'INCANDESCENCE PERMANENTE DU CERVEAU

Les « couloirs » sont le contenu des inégalités, de leurs différences et en un mot ils sont une des représentations de l'Humanisme. Celui-ci ne cesse pas d'évoluer et de se transformer. Il est sauvegardé mais il sauvegarde aussi l'humanité et jusqu'à présent il a réussi.

L'Humanisme est l'expression de l'homme par excellence et de ses prodiges permanents. Par exemple celui que je réalise en ce moment : j'écris et d'infimes mouvements de ma main font découvrir sur une feuille de papier ma pensée, invisible et secrète auparavant. Ce n'est rien, mais lorsqu'on y pense bien !...

La question 1 qui surgit est de savoir si l'Humanisme résistera aux perfectionnements technico-médicaux et scientifiques qui vont être proposés pour s'ajouter au phénomène humain qui a jusqu'à présent parfaitement absorbé les ingrédients le renforçant. Combien de transformations scientifiques pourra-t-il encore digérer tout en se sauvegardant ?

La question 2 est de savoir si la conscience (*à moins que ce soit une chimère, comme disait Staline)* et la technique politique parviendront à trouver une nouvelle formule d'accolement à l'humanisme. Précisons tout de suite que cette formule existe naturellement : elle est en sommeil dans les cerveaux et une étincelle l'allumera, mettant le feu partout, comme cela s'est toujours produit : elle a construit l'Histoire et ses mouvements ; elle a usé des générations entières mais a toujours trouvé dans les 'couloirs' les ressources nécessaires au couplage des savoirs, des connaissances et des besoins.

Jusqu'à présent l'Humanisme, la raison d'être de l'humain a su générer les associations matérielles, économiques et morales indispensables pour le maintien de son sacro-saint crédo de croissance. Différentes formes d'énergies ont été associées à différentes ressources et matières qui ont permis de mettre à disposition des populations l'alimentation, les moyens de la mobilité sous toutes ses formes et formats, les matériaux et minéraux pour l'industrie et la construction... En bref, l'humanisme politique dirige et oriente l'évolution par les ressources suprêmes du cerveau humain. Il a triomphé en quelques milliers d'années de tous les risques, dangers et catastrophes pour établir ce qui est aujourd'hui en place. *MAIS* il reste encore plusieurs centaines de millions d'années à couvrir par et pour la sauvegarde de l'humanisme, et cela malgré les litanies d'épuisement des ressources, tout au moins de celles dont on a l'habitude d'emplois.

Comment maîtriser et triompher de ces obstacles futurs connus et inconnus, des épuisements évidents et de leurs remplaçants sinon en se préparant lentement mais profondément à la connaissance, la Recherche, la découverte et l'invention de nouvelles ressources et usages acceptés ou dévolus par le cerveau humain qui restera la seule et inépuisable orientation de l'Humanisme, tel qu'entendu ici.

69. LE GRAND PARI NEURONAL

Au fil de la réflexion, voire de la méditation présente, proche et future concernant la Croissance, apparaissent quelques évidences.

Ce qui s'impose est d'abord le glissement global de la pensée de la population vers une forme nouvelle des rapports conversationnels de l'humanisme mental. Il consiste au raisonnement en « écho-données » avec une répercussion résultant de l'usage généralisé de la communication sans fil. Toute conversation directe ou téléphonique, textos et autres qualificatifs, sont des réponses à des données reçues ou émises. Pensée et réflexion rapides des citoyens se résument pour l'essentiel à un échange, conscient ou non, de données via l'informatique, internet et l'informatisation commençant à se généraliser. L'afflux de données est d'une telle ampleur que la réflexion est réduite à minima et toute absence de donnée se transforme instantanément en désert mental, tant bien que mal rempli par des mots qui n'ont plus aucune signification que celle du sous-entendu.... En voilà six ; *« incroyables, en fait ; de fait ; juste ; monde entier ; ça change tout...* L'élargissement de l'informatique apportera bien d'autres exemples et parmi les nouveaux venus il y aura aussi ceux, indispensables des savoirs et des langages formels, tous associés à la valorisation de la croissance, dont personne ne peut plus se passer malgré les incantations écologiques. Il y a toutefois, latente, une bonne nouvelle : l'Intelligence Artificielle (I.A) utilise les 'données' mais ne peut pas en créer. Coupons-lui celles produites par l'Intelligence Biologique et vivante (I.B.) et il n'y a plus d'I.A. ....

Le phénomène sociétal de la communication réduite aux données se retrouve à tous les niveaux : dès 5 ans et parfois avant, le téléphone est beaucoup plus qu'un jouet et l'inégalité commence entre ceux qui n'ont pas l'usage de cette communication et les autres. Les prémisses de la croissance et de son crédo sont nourries dès l'enfance mais la croissance implique bien d'autres obligations et conduit à beaucoup d'autres interrogations fondamentales.

La croissance qui sous-tend l'ensemble économique ne peut pas oublier celle de l'individu et de l'ensemble humaniste. De quoi leur croissance, laquelle jusqu'à maintenant commande tout le reste, sera-t-elle faite et qui la fera ? L'individu est-il rempli, bourré et divisé en algorithmes ou est-il le possesseur d'organes ressemblant à des algorithmes, *qualifions-les d'Orgatom*, mais ne sont pas des algorithmes.

Dans *le premier cas* l'individu « humain » vs algorithmique, est divisé en algorithmes et n'est plus 'indivis'. Il est au contraire divisible et ne fait plus partie des droits de l'homme ; toutes les divagations deviennent possibles et elles ne manquent pas. Non seulement Frankestein est ressuscité mais il est vrai et prouvé aussi que l'I.A. par les prouesses des algorithmes, conçus et développés par d'excellents cerveaux réussissent des prodiges. Toutefois ceux-ci, sans les mésestimer, ne sont que des modèles appliqués et non des valeurs intrinsèques créées. On pourra toujours faire réaliser des actes et actions extraordinaires par toutes sortes d'équipes, mêmes sportives, choisies et formées à l'aide d'algorithmes, comme on construit des voitures de compétitions ; mais le vainqueur désigné ne l'est qu'au 100ème degré.

Dans *le second cas*, les 'orgatom' libres s'ennuient, les neurones travaillent sans trop savoir pourquoi et ils ont besoin d'être occupés et productifs. Ils trouvent une compensation dans le divertissement qu'ils sollicitent en permanence. Ils sont écoutés puisque le divertissement n'a jamais été si présent qu'en ce 21ème siècle ; il est partout, concerne tous les segments de la population, à tout instant, sous n'importe quel prétexte. Qui va gagner le Grand Pari, les algorithmes ou les orgatoms ? L'individu sera-t-il connecté à toutes sortes d'algorithmes conçus pour supprimer tout effort et toute réflexion personnelle, dirigé, encadré, géré par un Etat algorithmique, le plus dangereux de tous dès lors qu'il se mettrait en compétition de croissance avec les autres… ou bien l'individu Orgatom libre restera-t-il en attente de choix et de prolongements à sa convenance ?

Il est donc logique d'envisager deux types d'avenir : celui qui est le prolongement de l'existant ; et l'avenir algorithmique, très relativement lointain parce que difficile à créer et à gérer vu sa grande échelle, mais tout-à-fait possible malgré la résistance de l'humanisme le plus efficace.

L'avenir intermédiaire ou de prolongement, a toutes chances d'être celui des orgatoms dans lesquels les neurones joueront peut-être le rôle algorithmique mais résultant essentiellement du pouvoir intrinsèque de chacun. La condition pour créer et alimenter cet avenir est de surévaluer l'humanisme, d'apporter du savoir et des connaissances aux neuro-orgatoms permettant simultanément le combat contre les inégalités.

Si l'avenir dépend du présent, quel est l'état réel de ce dernier ? On peut le considérer comme un « trou noir » ou comme une espérance. Le trou noir serait de baisser les bras et de ne rien faire, ce qui est heureusement impossible parce que le pari neuronal de la vie est permanent et actif jusqu'à la mort.

Du côté de l'espérance, la probabilité d'obtenir la réalisation des choix humains existe et est même une préoccupation permanente : celle de l'éducation et de l'enseignement. Par rapport à ce qui se révèle naturellement dans notre cerveau, nos neurones, nos orgatoms, ont beaucoup de retard. Ce retard est d'une importance capitale parce qu'il va obliger à prendre les dispositions pour renforcer la protection de nos trous noirs des ignorances. Un mouvement inédit et très fort existe déjà au sein des grandes puissances mondiales et va faire de l'informatique la vague de fond d'une nouvelle croissance et de son humanisme qui vont totalement transformer le monde durant deux ou trois générations. Jamais l'humanité n'aura subi de tels changements et modifications de notre civilisation sur une durée aussi relativement courte. Les ordinateurs et toutes les machines numériques seront méconnaissables : l'écart réalisé en 100 ans en vaudra 1000 ! C'est dire aussi combien les structures, les mobilités et les inégalités vont se transformer. Surtout, les humains vont se modifier autant que les machines. Mais il faudra aider ce mouvement et cette transformation qui formeront beaucoup plus qu'une ' Renaissance'. Afin de donner à réfléchir, voici une indication. Des mathématiciens travaillent sur des algorithmes de complexité polynomiale utilisés pour les matrices d'apprentissage profond par exemple. En avançant encore un peu pour arriver aux logarithmes exponentiels, actuellement jugés pratiquement impossibles si n n'est pas vraiment petit, et qui ont également un coût considérable, les résultats espérés sont tellement bouleversants que les travaux continuent : dans cette classe algorithmique 2^{250} est à peu près l'équivalent de 10^{80}, c'est-à-dire le nombre de particules dans l'univers !

Dans la phase de préparation de ce monde exponentiel ou à peu près, tout sera possible, les individus voleront comme les marchandises avec les drones et autres engins en empruntant des voies délimitées par un système d'ondes visuelles et sonores renforçant la mobilité humaine et disposa nt de structures adaptées aux différents et innombrables trafics. Tout cela sera fatalement justifié par l'évolution des besoins et les ajustements innovants venant compenser les inévitables effets pervers engendrés par toutes les nouveautés neuronales les accompagnant. Les avancées dans le secteur médical seront à l'unisson.

Le Grand Pari sera un choix sociétal dès lors que l'orgatom pourra être traité comme n'importe quel patient ayant un souci fonctionnel de santé. Cette évolution de base numérique, la première du genre dans l'humanité se déroulera assez lentement et dans le même temps entraînera un mouvement d'une force et d'une ampleur inédite sur Terre, justifiant la formidable interrogation de savoir si le destin de l'homme, en quelque sorte sa puissance abstraite, est celui d'être « renforcé » et pourquoi.

A priori et en tenant compte de l'évolution imaginée et non réelle, l'individu neurorgatom n'a nul besoin d'une « augmentation ». Ce qui est vrai globalement le devient beaucoup moins au fur et à mesure que l'on descend de l'individu richement doté en capacité neuronale à celui qui l'est moins ou pas du tout et qui, par conséquent doit être renforcé pour se situer au niveau acceptable dans la communauté de l'humanisme orgatom.

70. COMMENT CONCEVOIR ET GERER LE RENFORCEMENT ?

Commençons par l'affirmation que la transmission de l'intelligence n'existe pas. Rien n'est encore capable de transmettre les neurones d'un cerveau à un autre. La courroie de transmission entre cerveaux n'a jamais existé. Un jour, peut-être, mais lointain. Le Renforcement se réalise par les « Données », fondamentalement point de départ contenant et transmettant des connaissances et des savoirs. Ce sont ces facultés qui ont permis aux données et à leur numération d'acquérir l'ampleur de leur rôle dans la révolution informatique et l'ampleur de son action sur la vie des citoyens et de l'humanité actuelle. (cf.P.15 & s.)

La vision de l'avenir, proche et plus lointain, ne peut plus faire référence aux seuls prolongements d'un présent ayant tendance à être de plus en plus rapidement revisité. Les conditions et les forces de l'évolution scientifique offertes par des cerveaux formés et spécialisés entrent dans une phase nouvelle qui se situe moins dans le monde « d'en haut » et plus dans celui « d'en bas » ; moins dans l'extraterrestre et plus dans l'infiniment petit : c'est précisément ce dernier qui permet à l'imaginaire scientifique de spéculer sur le probable ou le possible des contenus de l'espace, très loin, trop loin encore d'une portée utile pour notre évolution.

L'infiniment petit au contraire est entré dans nos vies et les façonne de manière profitable, parfois spectaculaire, et qui n'est qu'à l'aube de ses potentialités. Les nanosciences, les nanotechnologies sont à notre portée, s'enracinent et perfectionnent quantité d'aspects posant le pacte du développement de l'humanité, donnant un sens définitif à la condition humaine. La mesure véritablement représentative de l'avenir devient le nanomètre, c'est-à-dire le milliardième de mètre, mieux adapté aux lilliputiens que nous sommes, alors que la référence à l'année-lumière (*300.000 km/s*) nous laisse pantois, déconcertés.

Face à ces perspectives, compréhensibles par tous, le renforcement cérébral est l'opportunité indispensable à la maîtrise de l'Evolution. Obtenir des capacités mentales de tout un chacun des réactions plus fortes, plus censées, une mémoire plus souple et plus solide, une réflexion plus intense... est le souhait le plus intime et le plus fort de tout individu. Il succède au souhait à présent possible pour tous de renforcer sa vue en portant des lunettes, de renforcer son audition ou supprimer sa surdité, gommer ses rides... en bref renforcer, corriger les défauts visibles de son physique. Le soutien scolaire pour les enfants et les adolescents sont en plein développement depuis des années et les médicaments, nombreux, sont utilisés pour donner aux cerveaux plus d'intensité et de productivité. La course à la meilleure intelligence est engagée depuis longtemps, portée par la concurrence universitaire et celle des grandes écoles aux coûts de plus en plus excessifs. Parallèlement, la pharmacologie s'est largement développée pour soigner toujours plus efficacement les maux cérébraux mais ont été également utilisés pour renforcer telle ou telle défaillance de la nature sans soulever la moindre difficulté d'éthique pour des raisons, bien compréhensibles, d'autocritique.

Il est donc devenu possible de disposer à la fois de molécules, de médicaments et de technologies capables d'améliorer très sérieusement les fonctions principales de tout cerveau normalement constitué. Des progrès considérables ont été réalisés à tous les niveaux techniques du renforcement, ce qui est développé plus loin. On ne peut cependant pas ignorer les questions morales et les problèmes inégalitaires évidents qu'il importe d'examiner en priorité et avec la plus grande attention.

Si les techniques du renforcement sont nombreuses, leur mise en oeuvre et leur traitement ne peuvent s'envisager sans procéder simultanément à un équilibre entre « renforcés ». Le Renforcement s'adresse et concerne une population dans son ensemble. La « socialisation des savoirs » comme ce terme l'indique, est une sorte de second enseignement prolongeant le premier qui le prépare. Il n'y aurait pire inégalité que le renforcement des uns au détriment fatal des autres, devenant détritus.

Néanmoins, tous les cerveaux n'étant pas de même composition génétique ou de même nature, il existera toujours des différences, par suite des inégalités qu'on nommera « compensatoires », participant pleinement au renforcement des autres sur des spectres ou apparences différents de valeurs, d'où l'utilité des « couloirs »

Une autre considération, essentielle, est que le « renforcement n'est pas un objectif de caractère national. Il est depuis quelques années clairement international. Toutes les nations importantes en sont à peu près au même point : toutes ont une panoplie de molécules et de technologies à peu près équivalentes et se posent la même question du maintien unitaire, vs inégalitaire, du renforcement cérébro-national.

71. NAISSANCE ET PROCESSUS HUMAIN DU RENFORCEMENT

L'arrivée des nanosciences et des nanotechnologies qui ont caractérisé l'entrée dans le 21è siècle a marqué la fin des contraintes mentales et une phase d'expansion volontaire des capacités cérébrales illustrée par la catégorie sociale des cadres, invention d'ordre législatif qui a perdu son sens pratique. Néanmoins cette population active existe et participe aux forces d'expansion soutenues et développées par l'Internet et l'Informatique dans toute leur puissance.

Cette évolution sociale s'apparente à un ripage technique d'une catégorie sociale déterminée remplacée par un autre ensemble disposant d'une capacité « numérique », capable de traiter avec une rapidité et une précision beaucoup plus grandes les tâches dévolues à la génération précédente orpheline ou insuffisante en matière numérique.

Il existe par conséquent des degrés, des hiérarchies dans les situations très diverses de la population des cadres, masculins ou féminins, et pareillement des degrés dans les technologies et dans les produits d'adaptation aux segments à renforcer.

Depuis quelques années déjà la question de savoir quelle portée sociale et dans quelles conditions un renforcement neuronal pourrait s'opérer anime d'intenses débats dans le monde médical, scientifique, en France, en Europe, aux USA… En Inde, en Chine et au Japon le stade du laboratoire est atteint et parfois largement dépassé.

Au plan individuel, l'idée et la nécessité de corriger, à l'aide de tous produits et moyens disponibles, tous défauts visibles ou psycho-invisibles de sa personnalité fait partie de la consommation courante d'entretien. Ce positionnement relève d'une décision mentale de même nature que celle apportée par les familles aux enfants et adolescents ayant recours aux différents modes de soutiens scolaires en vue d'aider à la progression des performances. L'objectif affiché est de poursuivre les études le plus loin possible et de parvenir aux concours des grandes écoles si les moyens financiers le permettent. La corrélation est absolue et sans appel entre moyens financiers et utilisation du renforcement des capacités cérébrales pour accéder aux meilleures situations et responsabilités de la vie active.

L'orientation ainsi donnée par les familles à leurs descendants dans un contexte thérapeutique existant, accepté et recherché n'a évidemment aucune raison de s'arrêter au-delà de la scolarité si la nécessité de maintenir la productivité du cerveau le plus haut et le plus loin possible pour occuper telle ou telle position souhaitée l'exige.

Le renforcement cérébral est de même nature que le dopage sportif et soulève la même et considérable question de savoir comment résoudre l'inégalité créée par le renforcement des uns par rapport aux autres, c'est-à-dire par rapport à ceux qui n'ont pas les moyens monétaires du même recours aux performances. Posée ainsi, la difficulté n'est plus morale ou éthique mais devient financière. La même difficulté se retrouve au niveau thérapeutique lorsqu'une survie est dépendante du pouvoir d'accéder ou non aux moyens très coûteux de rétablir, par exemple, une fonction motrice essentielle.

La glissade vers l'insoluble opposition entre les moyens des uns et l'absence de moyens des autres est absolument à éviter en utilisant au mieux et avec le plus de précisions possibles la hiérarchie naturelle existante entre moyens financiers, degrés différents du renforcement à constituer et hiérarchie génétique des niveaux utiles du renforcement. Les inégalités ne disparaitront pas dans leur nature mais seront amorties, acceptables et acceptées, participant aux potentialités futures.

72. RENAISSANCE HUMAINE

La panoplie des moyens existants et à venir peut satisfaire la variété des renforcements possibles et nécessaires sans aucun déséquilibre social ou politique en utilisant et planifiant l'auto-thérapeutique et la thérapeutique « renforcementale ». Pourquoi ?

Le principe du renforcement existe depuis la nuit des temps et son utilisation a toujours constitué une relation complexe avec les marchés, offres et demandes étant tiraillées à la fois entre le respect des conditions de santé publique limitatives et des demandes ayant comme seules limites les niveaux de satisfaction d'addiction des acheteurs.

Les marchés du renforcement sont considérables et variés : depuis les célèbres coca, cafés, thés, jusqu'aux amphétamines, cocaïne, héroïne et nouvelles molécules. Les produits de base et les sous-produits échappent à toute statistique sérieuse : ce qui est certain est que les transactions de toutes sortes se chiffrent en milliards et sont largement incontrôlables. D'où la nécessité de la distinction entre produits scientifiques parfaitement identifiés, contrôlables et utiles au fonctionnement économique et les produits illicites, inutiles et nuisibles.

La thérapeutique renforcementale est un nouveau bien public correspondant au nouvel âge de l'économie et au nouvel âge du citoyen numéricanisé. Depuis ses débuts sur Terre l'homme a toujours réussi à accroître et maîtriser ses facultés mentales au cours de ses évolutions dans le monde. Ceci l'a conduit à devoir dominer un ensemble de questions, de situations et de difficultés de tous ordres s'accordant avec les exigences multiples de son cerveau et son besoin naturel de structures pour les rendre utiles collectivement. Son besoin mental inexpugnable de diversification dans la Connaissance et les Savoirs lui a permis de gérer et résoudre les innombrables difficultés de son évolution et de son amélioration historique et permanente de ses progrès.

Peut-il exister une interdiction à la continuation de ce processus ? Certainement pas.

L'évolution humaine la plus considérable est incontestablement celle du cerveau et de sa compréhension qui est à ses débuts. Jusqu'à présent le secret, le mystère du cerveau était comblé par la référence à une force toute puissante représentée et nommée 'Dieu', comprise sinon admise par tous les humains en référence à leur religion ou à leurs prophètes. Cette croyance de remplacement a développé une société « théocentrée » devenant, par l'évolution, « technocentrée » et maintenant « neurocentrée ». Il convient de souligner que la constante de cette évolution au cours de l'Histoire est la *Croissance,* qu'elle soit économique, culturelle, scientifique, numérique ou autre ; donc mentale et mondiale. Il n'existe aucune raison pour penser qu'il puisse en aller autrement tant que le cerveau restera maître du jeu. Pour qu'il en soit ainsi, c'est-à-dire pour maintenir la concurrence cérébrale mondiale et les difficultés de plus en plus énormes qu'elle va produire pour assurer la continuation de la croissance, il faut avoir des armes conformes aux exigences des cerveaux, bien nommés 'durables', formant le duo indispensable avec l'intelligence artificielle conditionnant l'efficacité de l'un et de l'autre, plusieurs fois démontrée dans cet ouvrage.

Indépendamment de la « croissance », élément naturel du socle cérébral, d'autres problèmes fondamentaux vont devoir être résolus pour maintenir ouverte la route de l'avenir croissant : tous sont en dépendance de l'efficacité cérébrale. Tous sont également en dépendance des fondements historiques qui ont participé à la formation des cerveaux et par conséquent à leurs différences. Les collectifs mondiaux des cerveaux de l'Est, de l'Ouest, du Nord et ceux du Sud pour les situer globalement et géographiquement ont des affinités, des parentés intellectuelles, des connaissances et des croyances différentes. Ils sont également imprégnés de croyances, d'habitudes, de visions économiques et de représentation de la vie en conformité plus ou moins étroite avec le climat et l'évolution géographique qui incontestablement ont eu sur les cerveaux et les inégalités la même importance que celle que l'environnement naturel a, en résumé, dans chaque pays. (Cf premiers chapitres). Ces nombreuses inférences sur les cerveaux ne peuvent être exactement appréciées mais elles forment un ensemble logique de raisons, de raisonnements conduisant à des choix économiques et politiques caractéristiques et multiples. Surtout, ces inférences se transforment fatalement en inégalités humaines se retrouvant au niveau des inégalités économiques nationales.

La route de la croissance ne peut donc pas être identique partout et cette différence se transforme et se juge par l'importance et la variation du commerce internationale ou de l'ensemble des échanges mondiaux. Les économies défaillantes sur période assez longue caractérisent l'activité des cerveaux responsables dont le poids économique est important mais fortement opposés à prendre des risques sur l'avenir.

La route politique, formant nécessairement contrat d'accompagnement et d'association avec l'économie doit être considérée et admise comme une coordination des cerveaux inégaux et des inégalités. La science économique et la science politique ne peuvent être ensemble utiles et clairvoyantes que dans la mesure où elles sont suffisamment associées à la fonction économique des sciences périphériques.

En politique comme en économie l'inégalité est d'Avoir ou de ne pas Avoir ; de posséder en soi ; d'Avoir ou non le Droit de... Ce ne sont pas les structures crées qui influencent l'avenir et les inégalités mais la nature des connaissances et des savoirs. Les différences structurelles d'Asie, d'Amérique, d'Afrique, d'Europe, sont issues de ce que les cerveaux responsables ont pu connaître et ensuite accepter collectivement les utilités et les bénéfices des structures de vie et d'anticipation gérées par les politiques dans leur évolution. Il est cependant évident que la constante 'croissance', objectif permanent recherché, entraine une constante d'accroissement des inégalités. Cette situation provoque des réponses d'anti-croissance dans l'espoir d'éviter un développement inacceptable des inégalités.

Le piège fréquent des réponses mal maîtrisées est de brider la croissance sans soulager l'inacceptable des inégalités. Les politiques structurelles mises en œuvre pour capturer à la fois les excédents de croissance et d'inégalités ont un effet négatif dépassant des deux côtés les limites souhaitées.

La leçon première est que les structures matérielles et lourdes sont adaptées aux décisions politiques mais pas du tout aux exigences plus délicates de nature a équilibrer la bonne marche d'une croissance maîtrisée contrôlant les effets nocifs susceptibles de renforcer ou de créer de nouvelles inégalités.

Il faut donc comprendre qu'après les routes informatiques, politiques, économiques, structurelles, universitaires... initiant la formation des voies mises au service de la croissance et de son *a-venir*, lequel demeure l'objectif cérébral commun universel, il importe de choisir le carburant approprié au véhicule « cerveau » qui est le seul pouvant accomplir l'exploit demandé et constamment attendu.

La Renaissance Humaine est une constante de réformes, de renouvellements, de rénovations et même de régénérations. Elle s'inscrit aussi dans l'évolution cérébrale prédominante pouvant être à présent orientée. Sa réalisation constituera la révolution du Siècle 21.

73. CONCEPTION NOUVELLE DE LA PERSONNALITE ET DE LA POSSESSION DE SOI-MEME

Une nouvelle conception de la personne humaine est nécessaire :

Entouré, complété de tous côtés par une foule de modifications, de concepts, de connections sans fil, de mobilités multiples utilisant le sol, sous-sol, les océans, l'espace et le magnétisme... tout citoyen a désormais à sa disposition les outils et moyens d'organiser et prévoir sa connaissance existentielle, celle de la réalité vécue ou qu'il va vivre. Comment rester indifférent aux promesses de la découverte de cette connaissance ? ...

MAIS AUSSI COMMENT Y POURVOIR ? ....

L'importance de la question est fondamentale, basique du nouvel âge citoyen.

Les premiers chapitres de l'ouvrage montrent la responsabilité exclusive, directe et indirecte de l'ensemble cervical dans le processus de création de l'Etre humain et simultanément du développement fonctionnel des inégalités de toutes sortes.

Les chapitres suivants vont développer, au travers de l'espace grossi de la géométrique neuronale et de ses cinq dimensions, les éléments du nouvel âge citoyen, le bouleversement de ses rythmes, de ses cadences de vie et de savoirs.
Le citoyen d'aujourd'hui doit se préparer à devenir le citoyen de demain, celui qui devra utiliser les nanosciences et nanotechnologies et pouvoir travailler à leur application partout et en bénéficier lui-même suffisamment pour accéder et disposer des connaissances existentielles évoquées plus haut.

Dans tous les cas et de toute manière l'obligation de réussir implique de faire appel aux pouvoirs mentaux disponibles. Le cerveau est le grand et unique prestataire des besoins nouveaux et impérieux à satisfaire.

74. LOGIQUE DE L'INELUCTABLE
Le citoyen de demain sera une fusion de ses volontés réunies dans un choix décisif englobant ses valeurs.
Cette fusion est la conséquence de la constatation lucide par l'individu qu'il ne pourra parvenir à être le citoyen

avancé de demain, qu'il souhaite être, sans procéder à un effort de 'renforcement' de ses capacités cérébrales, quels que soient leurs niveaux. Cette démarche de principe est aussi et surtout celle des citoyens de toutes les économies avancées et en concurrence, transformant en compétitions humaines, et mondiales les forces de la productivité de chaque grande nation.

Pour l'exemple, on peut évoquer l'effort particulier des cadres et dignitaires appelés à dominer une confrontation impliquant comparaisons des points de vue et exigeant solution de haute ou très haute portée. Le processus engagé est du type suivant.

41. Il n'est pas très difficile de mettre en valeur ses propres idées et de les développer jusqu'à la limite de temps permise ;

42. Il n'est également pas très difficile de comprendre et de critiquer les autres idées ou positions par rapport aux siennes.

43. Il est plus difficile de synthétiser rapidement un ensemble d'idées contraires ou différentes, de les translater et de proposer en finale une nouvelle idée réunissant positivement et synthétisant toutes les autres.

44. Comment y parvenir ?

Le *'Renforcement'* doit révéler l'instantanéité puissante et originale du mélange cérébral instinctif : il doit faciliter l'exploitation interne des multiples intentions en présence et aboutir à la proposition d'une bonne solution des difficultés et des arrangements.

Cette logique s'impose également au niveau politique parce que les efforts citoyens sont toujours à la mesure des soutiens réels qui leur sont apportés par la puissance osmotique de l'Etat, en soutien aux efforts de ses forces de travail.

On peut donc affirmer aujourd'hui, à coup sûr que, 'renforcé' naturellement ou non, mais renforcé, le plus illustre chef d'Etat qui entrera dans l'histoire du monde moderne, sera celui qui, le premier, du fait d'engagements politiques ad hoc, aura permis à une majorité des citoyens d'apporter de nouvelles énergies et de visions novatrices dans le développement des technologies de productions, d'échanges économiques et dans les modes de vie des prochaines décennies.

Pour résumer l'essentiel : les inégalités sociales d'origine cérébrale, sont fatales mais préjudiciables à l'humanité. Faute de ne pouvoir les supprimer sans supprimer le cerveau, elles doivent être accompagnées de modulations compensatoires. L'application du 'renforcement', largement traité dans ce qui suit, va accentuer inévitablement les écarts entre certaines inégalités tout en apportant la possibilité d'y compenser par une formule sociétale nouvelle et ajustée...

75. MOYENS ET ETAPES DU RENFORCEMENT

L'objectif est d'offrir plus de solidité, de maîtrise et de visions nouvelles aux forces cérébrales principalement des Cadres, personnages et dignitaires de l'Economie et de l'Etat. Le développement exponentiel de l'informatique, du numérique, des données et des exigences souvent considérables imposées à l'esprit, la formidable complexité des mécanismes dominant les relations avec l'ensemble des acteurs économiques nationaux et mondiaux, font partie des raisons et de la nécessité de réaliser cet objectif. (Cf. exemple plus haut)

Il est indispensable d'y préparer le citoyen d'aujourd'hui cherchant la réussite, en préambule à celui de demain. Cette préparation à la participation 'renforcementale' concerne absolument tous les secteurs productifs et en plus   l'infiniment petit avec ses suites et nombreuses conséquences... L'accessibilité   au   'renforcement permettra de se réaliser selon plusieurs voies détaillées plus loin.

Le   cerveau,   décideur   primitif   du   renforcement personnel, est déjà imprégné d'une génétique ancestrale compatible. Ceci explique l'existence de structures identiques sociétales dans les autres nations participant au renforcement. Le 'populisme', pour l'exemple, qui entre, ou revient, dans l'actualité politique internationale est la signification de la recherche par les citoyens d'une sécurisation de l'avenir. C'est aussi la conséquence d'une impréparation   des   cerveaux   aux   forces   nouvelles, perturbant les positions politiques traditionnelles.

En définitive, l'homme doit s'adapter à l'homme et à ses fulgurances évolutives. Le Renforcement est leur alimentation et exige un dosage attentif : les cerveaux renforcés vont vivre au milieu d'un nombre croissant de nouveaux cerveaux renforcés, spécialisés, c'est-à-dire en concurrence intellectuelle de vigueur inédite. C'est le moment d'ajouter qu'il serait bien inutile d'étendre inconsidérément l'intelligence artificielle dans tout si, en parallèle, le 'renforcement' neuronal n'était pas présent et actif pour la soutenir et continuer à orienter ses progrès.

Le Renforcement, l'amélioration des performances sont en dépendance des progrès technologiques, scientifiques, thérapeutiques, pharmaceutiques et vont offrir à l'individu attiré, possédé par l'idée de réussite, une panoplie d'outils capables d'améliorer les pouvoirs et les fonctions motrices du cerveau. En retour, ce qui aura été performé servira aux progrès et bouclera la boucle.

Par définition et antériorité, le « renforcement » n'est pas une nouveauté, bien au contraire. Le dopage physique, musculaire, parce qu'il est le plus simple et porté par l'idée olympique est aussi le plus utilisé des efforts sans que les différences qu'il crée entre les individus posent problèmes… De même, des spécialités payantes telles les « kynés » ont tout-à-fait leur place. A côté du physique, d'autres professions comme les avocats, les médecins, les notaires, les spécialistes en tous genres de la personnalité sont légion et apportent un renforcement à la fois mental et psychologique indispensable au bien-être et au développement des individus. De fait, toutes les professions et activités offrent un *renforcement* aux capacités compensant les insuffisances humaines. Tout est affaire de savoirs, de connaissances, de données, de dosages.

Sans oublier le rôle de la famille et des parents : en procréant ils sont les premiers responsables, évidemment involontaires, des inégalités. Ensuite leur principale préoccupation est de participer en permanence à l'éducation de leur descendance, au développement de leur intelligence et au renforcement de leur cerveau, dans tous ce qui peut l'être.

76. AUX SOURCES DU RENFORCEMENT

Le Renforcement cérébral est donc une poursuite de la puissance et des pouvoirs de l'objet le plus essentiel de l'individu et le plus profondément intime de la personne. D'où les questions sociétales qui ont freiné son développement ; mais s'il est le « dernier », momentanément, dans l'aide aux insuffisances humaines, le cerveau est à l'évidence le plus important. Son importance n'est ni sa masse, ni sa surface, mais sa constitution : celle-ci commence tôt, un peu plus de deux mois après la conception. Dès ce moment, plus de 250 000 neurones se créent chaque minute pour en obtenir à la naissance 25 à 30 milliards et à 8 ans la taille optimale de 1 500 cm^3 est presque atteinte. L'ensemble du système nerveux central et de ses sous-systèmes périphériques est coordonné et régulé par le cerveau qui contrôle alors toutes les fonctions vitales. La plasticité permet au cerveau une grande malléabilité pour modifier et adapter ses fonctions aux besoins vitaux de l'individu. Les 150 milliards de neurones de l'individu adulte prennent en charge son fonctionnent et agissent comme des processeurs. Le système nerveux central les utilise pour répondre aux expériences de l'individu et modifier ses fonctions. C'est l'une des voies qu'utilisera l'action du 'renforcement' pour atteindre et activer l'effet souhaité.

Cette possibilité d'adaptation quasi automatique et instantanée du cerveau marque une très grande différence avec l'ordinateur ou l'I.A. ne disposant pas des centaines de milliards de processeurs et de millions de milliards de connexions permettant toute création et développement de la pensée, de la parole et de la synthèse avec d'autres éléments ou pulsions extérieures. Surtout, la voie est libre pour tous les 'renforcements nécessaires, sinon naturels, puisque quasiment appelés par les neurones en attente permanente de données supplémentaires.

L'extrême complexité du cerveau évoquée en première partie est inconcevable pour l'individu lambda et est loin d'être parfaitement connue des meilleurs scientifiques du fait que des différences partielles mais constantes dans la période de constitution, soumise à l'ascendance génétique, détermine les différences entre humains tout en confortant l'extrême richesse dont profite l'humanité. Le 'renforcement du cerveau se comprend d'autant mieux et s'impose d'autant plus que c'est à la demande du meilleur qu'il sera renforcé pour accéder à la Compétence, laquelle est la vraie légitimité.

Enfin, comment faire face, sans le Renforcement, aux avancées obtenues par l'arrivée massive des 'données', de leurs transformations numériques, des calculs complexes, des opportunités qui apparaissent et modifient les forces productives et les gains de productivité initiant les valorisations ?

La connaissance parfaite des composants essentiels du cerveau humain autorise les procédés modernes d'investigation invasive et non invasive, l'imagerie médicale numérique. La panoplie des moyens et des outils disponibles… permet la régénération ou la réparation de nombreux accidents ou malformations du cerveau qu'ils soient originels ou accidentels. Cependant, beaucoup d'impossibilités perdurent qu'il sera difficile de traiter avant longtemps. En bref, il n'est pas encore possible d'intervenir sur, ou dans, les parties essentielles : les cortex notamment, les lobes frontaux, le cervelet, le diencéphale, les thalamus, les gènes, le cortical et sous-cortical… sont quasiment encore intouchables.

Quoi qu'il en soit, les fantastiques avancées dans la connaissance du cerveau et celles qui interviendront par l'emploi des nano-outils de toutes sortes, font que le cerveau ne peut qu'approfondir son rôle de matière première inégalable au service de l'évolution. La création constante et la diffusion naturelle de cette matière première étant acquise depuis toujours, il reste à creuser sans cesse la mine 'encéphalière' qu'il contient pour alimenter ses données, ratisser leurs contenus et le renforcer.

Il y a donc énormément de compétences, d'instruments, de spécialistes, de chercheurs, de chirurgiens pour observer et travailler dans et pour le cerveau « Bijou » - moteur de la vie.

Mais il faut aussi maintenant pouvoir engager le Renforcement le plus ultime, apportant l'espérance d'extraire l'idée, le mot…de manœuvrer, conduisant à la solution désirée, démontrant une fois de plus que la loi du plus fort est toujours celle du cerveau.
L'Hyperpuissance des *données* y trouve sa source et devient un des mécanismes essentiels pour la concrétisation du Renforcement.

77. DU CERVEAU SAPIENS AU CERVAU PLATEFORMANT

Le but et la raison du 'renforcement' tel qu'expliqué dans ces pages est une nécessité, une descendance directe de la formule économique s'imposant par l'implantation massive de deux mouvements systémiques qui ont tout transformé : l'Internet et le Numérique : deux concepts révolutionnaires que rien ni personne ne peut plus ignorer. Les conditions de participants à la vie et à l'avenir ont imposé en l'espace d'a peine trois décennies l'obligation pour chacun de comprendre et d'accepter en succession les nouvelles séquences de la vie dans tous ses états. Dominée à présent dans ses fulgurances par les deux concepts fondamentaux cités : tout ce qui est actif et productif doit s'y adapter.

Cette adaptation est avant tout cérébrale, mentale et implique, notamment l'adaptation à la notion à la fois nouvelle et ancienne de « donnée » En rappel, la 'donnée, « une donnée » est la base première, le début d'un raisonnement quel qu'il soit, à condition cependant qu'elle ait un sens.

Mais en informatique, la donnée est une matière première du type cérébral et aussi importante que le cerveau, biologique ou artificiel, qui la traite, lui donne son sens utile et la développe.

Surtout et essentiellement, la 'donnée', en se numérisant se transforme en donnée informatique qui peut être codée, mais uniquement en base 2 en utilisant les seuls chiffres 1 et 2, ce qui est fait pour combler les ordinateurs. Le bit valant 0 ou 1 correspond, d'une part à la plus petite information possible et peut encoder les deux valeurs logiques « vrai et faux », et d'autre part peut former les nombres en base2. Regroupés par 8, les bits forment les octets.

Sur ce fondement, tout peut se transformer en processus de calcul. Le 'nombre' indique ou sous-tend une quantité ; le 'chiffre' permet de préciser la quantité ; le 0 apporte un sens aux chiffres et aux quantités.

*Toute 'donnée' peut dès lors s'écrire et se nuancer : une mesure physique quelconque ou un résultat comptable ou financier sont des **nombres**. Ce qui vient d'être écrit peut se numériser et se préciser en appliquant un **chiffre** à chacune des lettres.*

Cette formulation permet de combiner en nombre ou en chiffres n'importe quelle application spécifique du type « pixel » pour les images, le Hertz pour le son qui précise l'intensité et la fréquence ; etc.

Il en va de même, mais en changeant de dimensions, avec l'information, souvent évoqué dans de nombreux chapitres. L'information contenue dans une donnée est dans la dépendance du contexte et donc de l'interprétation. Information et donnée se chevauchent, ce qui explique le nombre considérable d'informations et de données qui sont stockées, dans les fermes informatiques des GAFA et autres, dispersées dans le monde et qui utilisent 15% de la production mondiale d'électricité pour le fonctionnement, le traitement et le refroidissement de ces monstrueuses installations.

Le traitement des données consiste à séparer clairement deux concepts : celui de Donnée et celui d'Information, cette dernière étant très variable et relative. Lorsqu'est stockée une **valeur X** *pour faire passer une température Degré en Celsius ou vice versa, ce* **X** *est une donnée. Mais s'il est dit : la température actuelle est de 25°, il s'agit d'une information.*

D'où la compression indispensable des informations et des données et leur importance considérable comme matière première informatique.

Lorsque les données sont stockées en grand nombre on arrive au « big data » dont on parle beaucoup. Son rôle est le traitement et l'analyse. Une donnée doit d'abord être extraite et isolée d'un très grand nombre d'autres données pour en tirer l'information dont on souhaite disposer. Cependant, chaque donnée peut contenir beaucoup, voire énormément de paramètres jugés inutiles qu'il faut renvoyer et remettre en place. Cette manipulation est extrêmement difficile et l'interprétation des résultats ne l'est pas moins. Ces difficultés une fois surmontées, et ce n'est pas rien, traitements et découvertes qui apparaissent se transforment en véritable trésor.

Par métaphore, le big data correspond à notre mémoire car celle-ci contient aussi une quantité phénoménale de données que l'on extrait naturellement au rythme de la parole ou de l'écriture. Mais là également quantité, qualité et confrontations des idées sont telles qu'il faut aider la manière de s'exprimer dans le fond et dans les nuances indiquant en quelque manière les limites cérébrales.

La donnée et son contenu d'idées, par conséquent la collectivité des neurones est constamment en attente de renforcement pour creuser et dégager le fond et le trésor de son propre contenu.

Muni de l'informatique, de l'internet, du numérique et de l'infinité des connexions tout cerveau humain est sollicité comme il ne l'a jamais été depuis Sapiens ; il est devenu une sorte de mini-plateforme personnelle le reliant à tout, à tous, et son autonomie comme sa liberté ne sont limités que par sa mobilité physique et sa capacité cérébrale fournisseur des moyens.

Pour s'en persuader définitivement, rien de plus facile : il suffit d'observer l'attitude des uns et des autres : celle du citoyen en rapport avec son pays ; celle du citoyen consommateur et de ses fournisseurs ; la conduite du citoyen acteur, voyageur et correspondant du monde ; le comportement du citoyen cherchant surtout ses satisfactions personnelles ; celui du citoyen en relations avec tous les autres pour apprendre, enseigner participer aux savoirs, obtenir et fournir des biens ; les réactions du citoyen en pensée et en relation physique ou mentale

permanente avec son argent, ses tentations et regrets ;
la manière d'être du citoyen chef d'entreprise mais
ignorant souvent la force et les capacités des mini-
plateformes qu'il enferme sous son couvercle
hiérarchique.... Ce ne sont là que quelques aspects
connus et simples : comment ne pas reconnaître que
tout citoyen, quelle que soit sa position dans sa
communauté de vie, est une mini-plateforme contenant
et stockant un nombre considérable de données dans
son « cloud cérébral » ? A ce titre il est l'objet des
convoitises des autres plateformes avec lesquelles il se
trouve en relations pour une raison quelconque formant
valeurs réciproques et/ou concurrentielles D'où la chasse
du citoyen-plateforme par les autres. Ainsi s'explique la
métamorphose mondiale de l'évolution, provoquant une
révolution sourde mais réelle.

Tout individu est donc une mini-plateforme en
formation, en fonctionnement total, ou en décroissance
selon l'âge et les ressources des savoirs, de l'expérience
et des ambitions qu'elle renferme. Formidable réservoir
de données aussi et désolante pertes et gâchis
préjudiciables à tous en laissant en friche la matière grise
fonctionnelle représentant le plus grand trésor de
l'humanité. Sa puissance potentielle mondiale est sans
équivalent : les moyens de son utilisation valorisante
sont aussi importants à traiter que ceux de la liberté.

Toute mini-plateforme citoyenne va avoir besoin des
autres pour profiter mutuellement des avantages et des
avancées qui se laissent facilement entrevoir, favorisant
le progrès et ne pouvant résister aux images des envies
suscitées. Dès lors, le besoin de la technologie et des
nanotechnologies de renforcement, souvent évoqué

dans ces pages, sont indispensables aux concrétisations espérées ou attendues.

78. L'AVANTAGE CEREBRAL ET L'ULTIME RENAISSANCE

La technologie appliquée produit la machine et celle-ci évolue au rythme de la technologie, souvent fulgurant, à tel point qu'il convient de s'interroger sur la concurrence que peut présenter la machine face à la pensée et à ses contenus. Et cela n'est pas trop dire après constatation des avancées utilisant sans limite la miniaturisation. Exemples : l'intégration des puces dans le cerveau pour maintenir la bonne santé ; pour être connecté à internet ; pour augmenter la mémoire ou pour contrôler les pensées, ce n'est plus du rêve, mais de la réalité. Ces avancées sont permises par les nanotechnologies et l'infiniment petit, actuellement grands stimulants de la recherche. Les géants californiens ont déjà dépassé, dans de nombreux secteurs d'activité le stade des recherches pour passer à la réalisation de produits : brevets et nouveaux appareils seront sous peu proposés aux marchés à l'exemple des chabots. A l'inverse des efforts sont réalisés pour contrôler les machines par la pensée : dans ce domaine multi scientifique quelques avancées sont notables qui utilisent par exemple les électrodes cérébrales de manière non invasives. Facebook se mobilise sur le dispositif conversationnel en direct avec sa plateforme. Un casque composé de micro électrodes adaptées à la position des zones actives cérébrales (voir document) a permis de transmettre à un ordinateur en liaison avec un clavier d'écrire un roman. Cette solution casquée a déjà fait long feu.

En France, à Orsay, le CNRS cherche à mettre en rapport des fonctions cérébrales essentielles avec les avancées des réseaux d'optique, de photonique et d'optoélectronique reposant sur l'objectif de parvenir à transformer la pensée humaine cette fois en pilotage de drone. On ignore où en sont la Russie, la Chine et les USA dans cette compétition mais l'enjeu à dix ans est tellement considérable que plusieurs autres modélisations de ce type sont en cours ailleurs.

De toutes parts les projets soulignent la vitalité des esprits, confirment les transformations du monde et la rapidité de l'évolution. Il ne faut cependant pas oublier que les avancées concrètes de la technologie dans son ensemble, et ensuite l'imagination de ce qui peut arriver ou arrivera, sont des produits bruts du cerveau qu'il faut alimenter pour poursuivre. Néanmoins, pour copier le cerveau il est indispensable de le connaitre : la prévision ne suffit pas. Le cerveau est sans limites d'idées ou de choses concevables à condition de l'aider à les exprimer, de les découvrir ou de les créer.

En finale, quelle que soit la voie ou le côté que l'on veuille prendre pour mettre les cerveaux compétiteurs à l'unisson de l'évolution et les maintenir aux niveaux de ce que seront les découvertes et créations MET(A) et nano-numériques, nécessité est de les aider. Il n'est pas encore trop tard mais il importe de surveiller de très près le combat « Homme-Machine » pour éviter un effacement de l'humanité à cause d'un sous-emploi de la matière grise. Même nécessité concernant toute extraction d'idées stratégiques ou visionnaires de ceux qui en ont charge.

La lutte entreprise par l'homme et ses ancêtres depuis des millions d'années contre les éléments, les animaux, les catastrophes naturelles échouera-t-elle devant la machine, objet de sa propre création ? se déniera-t-il lui-même ? Pour que le monde à l'envers ne passe pas, le combat doit s'engager sans tarder : il dépend du Renforcement qui s'impose à l'homme comme le soleil s'impose à la Terre.

CHAPITRE 12

L'EXPLOIT ET LE SOUTIEN

INTRACEREBRAL

79. RENCHERISSEMENT CEREBRAL

Tout au long du contenu de ces pages a été sous-tendue l'idée du soutien et du renforcement des fonctions créatrices du cerveau qui a toujours assuré la progression de son support « homme » et de ses inégalités. Celles-ci peuvent se justifier du fait de la combinaison et de la complexité de ses organes, pilotés comme une machine par les mécanismes cérébraux avec ses centaines de milliards de neurones.

Jusqu' à présent les composants techno-pharmaceutiques assurant la puissance de la réflexion créatrice ont été réservés à des fins médicales ou ont été interdits. Cette interdiction, on l'a déjà dit, est une décision de bien public français. Mais comme toujours la relativité de cette interdiction appelle les contrefaçons ou les contournements, souvent encouragés, comme cela est expliqué dans les chapitres du *'grand pari neuronal » et suivants.*

Associé au renforcement le « renchérissement » ajoute à la neurophysiologie la fonction technologique et utilisatrice offrant un équipement de produits capables d'améliorer la mobilité, la perception, la réflexion, la mémoire et simultanément la mobilisation de nombreuses fonctions cérébrales nécessaires aux performances souhaitées. Ces produits sont à base de molécules, d'implants, de nano prothèses ou de puces électroniques et font partie des neurosciences.

L'utilisation de ces possibilités dépend du libre arbitre de chacun avec la conséquence évidente et inévitable d'une création volontaire d'inégalités liées par contre-coup à leur refus de renchérissement.

L'entrée dans un nouveau monde, celui de l'internet, du numérique et de l'informatique, s'impose mais n'est pas consécutif à un hasard quelconque. Il est la conséquence d'idées d'utilisations du numérique pour la valorisation et la croissance des productivités, surtout celle de la productivité du capital dans un premier temps. Ce mélange de carburants associés à la plasticité d'une bonne dizaine de cerveaux a été l'incitation à la création de plateformes numériques spécialisées et devenues géantes en très peu d'années : Microsoft, Apple, Google, Facebook, Uber, Amazon., aux USA et d'autres en Chine, en Inde, au Japon. Les structures de l'économie classique ont été heurtées, mises sens dessus dessous, avec une force et une rapidité que ses seules solutions étaient de se soumettre, de s'adapter ou de disparaitre. Les deux solutions de sauvegarde sont utilisées simultanément pour établir un repli général dans l'ordre et d'une durée acceptable avec le respect du renouvellement générationnel.

Ce processus est l'œuvre des cerveaux : il est donc 'naturel' ; naturel mais bouleversant, imposant d'y faire face, c'est-à-dire se mettre à l'unisson de la nouvelle formule de fonctionnement économique et plus largement de l'humanité qui est effectivement concernée peu à peu dans son ensemble.
Se mettre à l'unisson signifie que le cerveau dans son extrême complexité est maître du jeu et que c'est lui qui doit apporter constamment à ceux lui faisant appel de les aider à formuler les meilleures créations, innovations,

solutions parce que tous les détenteurs de capital transforment leurs assises anciennes sur de nouvelles formules permettant de poursuivre le combat et de rattraper les retards.

Dans le monde numérisé d'internet ce ne sont plus les forces physiques mais les forces cérébrales renforcées qui vont assurer la domination des solutions.

Ce 'renforcement' de forces a toujours été utilisé, même par Aristote, mais à un rythme très différent de celui exigé à présent par les mêmes types de cerveaux. Aujourd'hui, l'agilité mentale est une pièce maîtresse à des degrés et niveaux différents mais avec les mêmes soutiens et stimulants. Ils correspondent à la modification structurelle des entreprises voulant survivre et dans lesquelles la plus grande liberté en tout est laissé aux individus, à tous les échelons.

Ce qui s'impose maintenant, brutalement, est à considérer comme une grande leçon et une orientation majeure pour demain. Malgré la rapidité des modifications imposées à l'évolution par ses nouvelles formulations une structure sociale est et reste en dérive : il s'agit de l'Enseignement qui semble avoir les plus grandes difficultés à se préparer aux exigences de demain. C'est l'un des secteurs les plus sensibles politiquement et parmi les plus difficiles à trouver l'ordre de marche le plus proche des exigences à venir. Une réforme de l'enseignement est à entreprendre mais c'est peut-être la plus délicate des réformes à conduire parce qu'elle est loin d'être rythmée aux exigences de l'avenir numérique. La question de savoir par qui et comment seront formés les formateurs n'a pas encore de réponse bien qu'elle soit la plus cruciale des solutions à trouver. Et si elle n'est pas trouvée, peut-être qu'à la fin du siècle l'implantation d'une micro-puce contenant tout un savoir de son choix pourra être implanté dans la matière grise. Restera à la relier aux neurones de la mémoire...

Le renchérissement va très probablement devenir un art des neurosciences tant son emploi va être indispensable. Dès 2020, la productivité du capital à partir de la productivité cérébrale devra confirmer ses espoirs en obtenant un accroissement du PNB, même modeste afin de commencer à combler le retard énorme pris par les GAFA et autres mastodontes mondiaux. Pour donner une idée du challenge à accomplir l'exemple d'Amazon est intéressant : il parvient à expédier 150 colis à la seconde partout dans le monde et obtient un pourcentage enviable du commerce mondial. Respect. Cette performance est celle d'une organisation informatique extrêmement poussée et précise imaginée par l'équipe de J. BEZOS. Les « influenceurs » du commerce numérique fondés sur les plateformes marketing connaissent un succès et un développement exponentiel, là également par une utilisation cérébrale renforcée. Jamais le destin économique des entreprises ou des individus n'a été associé aux cerveaux de manière aussi flagrante. Et ce n'est évidemment qu'un début

L'adaptation au cerveau d'un adjuvant, d'un catalyseur pour déclencher une réaction de la mémoire, une réaction en chaîne de connaissances au service d'une ambition ou d'une nécessité est connue depuis longtemps et utilisée par ceux qui sont devenus les plus grands. Les exemples et les témoignages sont nombreux de ceux qui ont cherché à faire naître une idée pour arriver à l'Eurêka ! Depuis Aristote, c'est probablement dans la Silicon Valley que l'on trouve les plus nombreux adeptes de Renforcement.

De Steve Jobs en 1966, à Elon Musk en 2019, les plus grands, sans exception, ont été aidés par le renchérissement. Beaucoup d'autres, ailleurs, ont également bénéficié des effets d'un redoublement de culture en utilisant les produits appropriés.

A titre indicatif, on peut mentionner les écrits ou confidences des plus notoires : ainsi en est-il de :

Steve Jobs, adepte quasi inconditionnel du LSD qui l'a souvent aidé à structurer Apple ; Aldous Huxley, avouait sa reconnaissance au LSD ; Les Beatles, qui ont fait des chansons dont l'une contient les 3 lettres LSD pour la titrée

Michel Foucault doit également beaucoup au LSD.

Les Hackeurs, les Capital-Risqueurs et tous ceux cherchant à être débloqués dans leurs réflexions pour activer leur appel à la création, en ont bénéficié, ou en bénéficient largement...

Le **LSD**, comme d'autres, on va le constater, fait partie de la compétition, et la compétition est le moteur cérébral des entreprises qui ont besoin de parvenir à concentrer les personnels, de direction notamment, sur ce même objectif. Par ce mécanisme la nécessité compétitive crée des compétitions créant des compétiteurs cherchant l'aide psychique et ses produits pour parvenir à la transcendance. Ces spécialités sont de plus en plus nombreuses et disponibles partout dans le monde où sont implantés d'importants ilots économiques et numériques de toutes sortes.

Les produits psychédéliques utilisés prudemment, du type de la **Psicocybine**, sont assez peu différenciés du LSD. Leur effet est très rapide, dure de quelques heures à trois jours et procure une forte et agréable clarté mentale, puissante, pousse au travail intensif durant cette période, selon les dire. Utilisé en microdoses le produit est sans danger et ne permet pas les effets du type cocaïne.

L'augmentation recherchée des capacités cognitives des 'Responsables' est en plein essor dans tous les pays à forte économie, ou tendant à le devenir. Pour les satisfaire l'**Addérall** est un produit permettant de faciliter la concentration et l'attention. En général, la consommation des **nootropiques** et surtout des **psychotropes** reste très discrète. Il n'empêche cependant que par le bouche-à-oreille de petits groupes se partagent les recettes et leurs effets. Tout cela est connu. Un grand spécialiste des interviews de richissimes patrons du commerce, de l'industrie et des services financiers l'affirme sans réserve : tous les milliardaires, à de rares exceptions près, consomment des produits renchérisseurs du cérébral, sans lesquels ils ne seraient pas ce qu'ils sont et où qu'ils soient sur la planète.

Indépendamment des produits amplificateurs micro dosés des capacités cérébrales, il existe d'autres moyens, comme la méditation à outrance, le sommeil, la marche... qui ont des effets plus ou moins stimulants pour certains, mais en tout cas à résultat modeste.

Il existe ainsi à présent une hiérarchie de produits de renforcement (voir ci-après) correspondant à peu près exactement à la hiérarchie des responsabilités et des dirigeants.

En bref, pour toute entreprise et pour toute personne, il existe un moyen de renforcement pour sa croissance.

La tendance à une nouvelle structuration des grandes entreprises ou plateformes à fondement essentiellement numérique, favorise et encourage les personnels à agir ou réagir promptement et en ignorant les cloisons restreignant les possibilités d'échanges directs. Cette facilité encourage et offre à un simple salarié ayant de bonnes idées l'accès direct au 'patron' et entraine le recours au Renforcement. La productivité des géants et des moins grands a été et est à ce prix.

Les développements scientifiques et technologiques facilitent largement le recours aux molécules psychoactives pour stimuler les facultés cérébrales et il est impossible qu'il en soit autrement. Il faut ensuite en accepter les diverses conséquences. Parmi elles, une des plus importantes est celle de bien comprendre la nécessité du Renforcement, l'accompagner et le soutenir. L'accompagnement consiste à connaître les produits et microdoses disponibles ; le soutenir est d'en faciliter l'usage. *L'accompagnement et le soutien doivent être déclarés d'intérêt public. (Ouvert à tous sous certaines conditions)*

Les produits d'accompagnement sont de plus en plus nombreux et leur production est devenue internationale afin de répondre aux besoins, mais peu sont disponibles en microdoses. Ci-après quelques spécialités.

La **Ritaline** est un produit français, efficace pour combattre les troubles de l'attention. Différente de **l'Adderall** concernant la durée des effets selon l'utilisateur.

Le **Modafinil**, apparu en 2002, et autres stimulants du même type, sont capables d'augmenter, d'éperonner la mémoire et en même temps de réduire le sommeil excessif et donc de prolonger l'éveil. Sur la Toile divers sites en proposent en détaillant leurs effets.

La **cocaïne** et les amphétamines stimulent la Dopaïne, molécule du plaisir, et soutiennent l'éveil.

La **Muscaline** est un extrait de cactus et sa fonction est d'activer les effets de la dopamine.

Les **amphétamine**s, produits de synthèse, ont été créées en 1930, avec la **Benzédrine.** Plus généralement, ces produits soutiennent les principales facultés du cerveau.

L'Ecstasy est un produit dopant avec effet immédiat et important dans la régulation de l'humeur, de la douleur, de l'agressivité, mais a l'inconvénient d'une sensation suivie d'épuisement et parfois de troubles cognitifs.

L'héroïne, le cannabis sont des substances classiques, bien connues et faciles à se procurer. En Californie ces produits s'obtiennent sans difficulté et de nombreux autres, microdosés, sous des marques commerciales diverses sont 'monnaie courante'.

Le succès incontestable de ces produits sur toutes sortes de marchés à partir des années après la seconde guerre mondiale et la compétition pour la croissance montre bien la liaison existante de ces produits, remplaçant les alcools. Actuellement la demande est telle qu'en Europe seulement le nombre de nouvelles molécules, constituant la teneur de ces produits, sortant des laboratoires est mensuellement de l'ordre de 5. Plus de 550 ont été créées et utilisées sur les marchés entre 2000 et 2016. Leur puissance sont parfois décuplées par rapport aux substances classiques connues. L'une de ces molécules, le Carpentanyle est 5000 fois plus puissante que l'héroïne (1gr équivalent à 5kg d'Héroïne).

Les produits du renforcement personnel ont été ressentis et recherchés comme une suite naturelle et indispensable, liée aux performances obtenues par l'informatique et le numérique au travers des ordinateurs et machines de plus en plus en concurrence humaine. Aux efforts cérébraux des créateurs des GAFA et tous autres, s'est donc imposée la recherche de moyens compensatoires, également cérébraux, afin de pouvoir dégager les valeurs promises par l'explosion des perspectives numériques. On retrouve là l'enclanchement hélicoïdal de la croissance par la croissance avec l'aide de l'infiniment petit. Qu'il soit dans les molécules ou dans les implants cérébraux évoqués plus avant.

L'autre conséquence : les inégalités, à la fois résultat et création. Une première observation s'impose : plus il y aura de restrictions mises à la demande de produits de Renforcement, plus la création d'inégalités se développera. Pourquoi ?

Plusieurs chapitres dans cet ouvrage ont démontré comment le cerveau était créateur d'inégalités selon la génétique, la plasticité utilisée positivement ou négativement dès l'enfance, l'éducation et l'enseignement… Tout, depuis la génétique, l'effort personnel ou la chimie conduit le cerveau aux savoirs et aux connaissances dont le niveau est un déterminant essentiel des conditions de vie et des conditions sociales ; ceci indépendamment des inégalités naturelles ou accidentelles.

De surcroit, on peut affirmer que la tendance normale du cerveau est la croissance : la démonstration de cet objectif se trouve en tout individu, ne serait-ce que la recherche d'une occupation, indépendamment du travail social, c'est-à-dire sa quête permanente de pouvoir réaliser un « plus ». L'accès plus facile au 'renforcement' permettra sans aucun doute de combler, et donc de réduire le nombre d'inégalités par insuffisance cérébrale.

En définitive et quoiqu'on fasse il y aura toujours des inégalités, d'autant plus importantes et nombreuses que le nouveau monde neuro-productif va connaitre une accélération de l'évolution renforçant les écarts entre les très hauts et les très bas niveaux de vie sociétaux. Ce qui était encore supportable deviendra insupportable et le remède sera la prise en charge, l'encouragement aux savoirs par l'appel à l'énergie personnelle et la volonté du Renforcement conduisant aux inégalités volontaires et supérieures.

La prise en charge restera à la fois dans le domaine sociétal et dans la responsabilité de l'Etat, ceui-ci trouvant d'autant plus facilement la solution financière que les ressources produites par le développement de la croissance par les savoirs et les renforcements fourniront largement les moyens nécessaires, par la croissance du PNB. Ceci conduit à observer que l'évolution apporte toujours une solution aux problèmes et aux problématiques qu'elle crée, surtout en participant et en orientant l'évolution humaine, synthèse de l'action et de la puissance cérébrale.

Restera alors la problématisation du changement des forces instinctives ouvrant le processus de modification créant le changement puis structurant l'évolution.

EXTREMITE

LA PLATEFORME 'NEUZEL'

NZ

80. LA TRANSFORMATION

L'utilité théorique et pratique du « Renforcement » étant démontrée par les résultats patents obtenus par tous les pays le pratiquant, de manière quelque peu désordonnée, mais pouvant faire état de résultats sensationnels, les questions sont alors les suivantes :

1/ Comment passer, en France, à sa pratique en utilisant les avantages et les possibilités offertes par l'hyperpuissance numérique ?

2/ La formule du Renforcement est-elle capable de procéder au changement, transformant une base d'inégalités subies en inégalités volontaires et vigoureuses ?

3/ Une nouvelle arrivée globale de données spécifiques sera-t-elle suffisante ?

4/ Comment alimenter cet ensemble qui aboutit à une union numérique des forces, concrétisée par une Plateforme regroupant en réseaux les cerveaux à renforcer moyens et supérieurs des « couloirs » et les cerveaux des entreprises qui ont besoin de ces renforts pour progresser, produire ou inventer ?

5/ Comment intégrer dans la Plateforme les groupes produisant les ingrédients du Renforcement et les novateurs de l'infiniment petit ?

Les réponses vont se distiller simultanément à la présentation ci-après du rôle pratique et tactique de la plateforme multifaces, qui fait office d'entreprise comme toutes les autres plateformes du monde, portant l'évolution économique du 21è siècle.

Les multitudes, *évoquées aux points 1à5 ci-dessus*, sont le fondement indispensable au fonctionnement d'une plateforme productrice d'une très forte valeur ajoutée, non seulement en savoir-faire mais aussi, en révélateurs de puissance de la « matière grise », aux confins de la création génétique générationnelle.

Cette multitude : agrégée, connectée par les smartphones et reliés à la Plateforme représente une capacité cérébrale colossale produisant et recevant des données.

Il devient alors possible, par le travers des réseaux, de proposer un système de transactions numériques aux entreprises répondant à leurs besoins en idées, c'est-à-dire le besoin de voir si tel cerveau peut apporter la solution originale espérée. Inversement, la réponse aux entreprises par la confidentialité algorithmique devient une nouvelle fonctionnalité de la Plateforme. La production de la création de valeur s'autoproduit et se reproduit en permanence.

Cette plateforme européenne de services nuancés et fortifiés, de trois groupes de clients nombreux et interdépendants, aide à modifier les façons de faire, et conduit au surgissement des « eurêka » en sommeil dans les cerveaux.

L'absorption rationnelle des inégalités par une plateforme multifaces facilitant l'extraction cérébrale profonde est évidemment une sorte de nouveauté et peut-être une résolution économique et sociale explosive qui va poser questions et demandera des éclaircissements. En voici quelques-uns.

Le point de départ est le cafouillage enrobant toute problématique touchant de près ou de plus loin les inégalités et qui en définitive n'ont jamais apporté la moindre résolution à une responsabilité majeure du respect humain. Les inégalités sont tellement nombreuses qu'il est vain d'espérer les voir toutes disparaître mais elles font partie de la vie et à ce titre toutes les voies possibles d'amélioration sont à retenir et à examiner, même et surtout de manière indirecte.

La Plateforme multifaces **NZ** va innover à partir de mécanismes économiques déterminant de nouvelles fonctionnalités susceptibles de modifier la structure des inégalités.

Sommairement, **NZ** va mettre en contact des groupes de clients qualifiés de « cérébraux », interdépendants les uns des autres, à la fois de façon naturelle, *(chacun disposant de son propre cerveau),* et de façon professionnelle et économique, intéressés les uns et les autres à une création de valeur. Chacun des groupes représentant une face de la Plateforme qui est la suivante :

FACE 1.

Elle est, entre autres, représentée par la population des couloirs. Cette population se différencie essentiellement par l'âge et le niveau des savoirs et des connaissances, s'exprimant extérieurement par le niveau de vie et la position sociétale.

Dans cette multitude il est évident que certains types d'intelligences et d'ambitions sont cachés ou inutilisés parce qu'il n'y a pas eu d'opportunités pour les révéler. Elles sont en attente.

Elles constituent en tous cas, une réserve considérable de données.

FACE 2

Celle des Entreprises : Commerciales, Industrielles, Services, Administrations…Elles sont en partie représentatives des « employeurs de la Face 1. Elles sont aussi en plein bouleversement, cherchant pour certaines à se numériser ; pour d'autres à survivre en tentant de sauver des marchés classiques en y apportant des modifications marketing ou techniques. Toutes ayant à lutter contre de nouvelles concurrences et devant satisfaire des consommateurs de générations avancées.

Toutes ces entreprises ne pourront survivre que par une mobilisation intense et intensive des capacités cérébrales de leurs responsables, allant généralement très au-delà de leurs savoirs et possibilités personnelles. Elles recèlent également un formidable réservoir de données

FACE 3

Est au service du « Renforcement » européen et par conséquent des substances microdosées compatibles avec l'attente de la réussite et des espoirs qui vont avec, ainsi que l'espérance habitant tous ceux s'estimant capables du 'Plus véritable' et qui en recherchent ardemment la preuve en répondant aux problématiques diverses des Faces 1 & 2.

FACE 4

C'est la confrontation des offres et des demandes exprimées par tous les cerveaux devant dépasser leurs limites en collationnement des connaissances pour les confronter et les dépasser. Cette face concrétise ce qu'est la Plateforme : *le cerveau des cerveaux.*

Qu'est-ce que cela signifie ou donne à entendre ?

Sans entrer ici dans les détails qui n'auraient pas leur place, on peut dire que cette plateforme possède tous les avantages inhérents à ce genre d'outil.

En premier sa mise en place bénéficiera du savoir, de l'énergie, de la créativité de nombreux acteurs sans avoir à financer le développement des produits, des savoirs, des Services qu'ils vont apporter en tant qu'acteurs de **NZ** La Plateforme va également bénéficier d'un pourcentage sur la valeur créée par son intermédiation qui peut s'avérer considérable au plan européen d'abord.

De plus, **NZ** invente une place et un positionnement qu'elle doit rester seule à occuper, réunissant de très nombreux acteurs physiques et sociaux en vue d'accéder aux services et avantages créatifs, innovants et productifs uniques Aucune autre plateforme n'est en effet conçue et organisée pour extraire et transférer les idées ou concepts aux valeurs inestimables d'un cerveau à l'autre ; en d'autres termes, la création de trésors de l'intellect politique, économique, stratégique correspondant à un nombre de transactions et de transferts très important.

81. LE « POINT NZ », NOUVELLE MESURE CEREBRALE

Pour réaliser les transferts évoqués ci-dessus, et traduire leur valeur, le **« Point** NZ **»** est créé. La valeur de ce point est calculée en Euros, accompagnée d'un coefficient pour servir de référence aux coûts des transferts d'une 'matière grise' à une autre ; le coefficient marquant la valeur hiérarchique *(savoirs, connaissances et autres)* acquise par la substance cérébrale.

Une unité de mesure est donc créée avec le Point NZ, permettant, offrant les comparaisons indispensables entre transferts cérébraux.

82. MODALITES & LEADERSHIPS DE LA PLATEFORME NZ

L'inscription sur la plateforme est une modalité classique. Pour identifier rapidement le profil de l'inscrit et son appartenance éventuelle à une structure, sans établir aucune référence aux données personnelles une codification est prévue, n'étant accessible qu'aux responsables désignés et dirigeants de la Plateforme.

La spécificité de la Plateforme est de mettre en relations communes les cerveaux aux fins de collaborations. Toute unité cérébrale a besoin des autres pour se perfectionner et pour le perfectionnement de l'ensemble. Dans le présent ouvrage il est souvent insisté sur la nécessité de la coopération cérébrale et la Plateforme **NZ** en est l'expression la plus aboutie.

Un cerveau, une entité cérébrale, ne peut disposer seul de l'ensemble des qualités motrices, fonctionnelles, mémorielles…, au niveau supérieur. Chaque unité cérébrale possède l'ensemble des qualités communes et reconnues de tout cerveau mais à des degrés de puissance différents. D'où le coefficient, positif ou négatif, évoqué plus haut. Jamais aucun cerveau, dans l'histoire de l'humanité, n'a réuni l'ensemble des définitions fondamentales des activités à l'indice 100.

Jamais non plus un « Renforcement » propre aux valeurs cérébrales les plus essentielles n'a été organisé systématiquement en vue de transcender dans l'équité un tournant de la civilisation.

D'où la nécessité d'une coopération permanente ; d'où aussi la nécessité de réunir les plus hauts indices dans la typologie des intelligences, des structures sociétales, des particularités logiques, mathématiques, conceptuelles, spatiales…, et par conséquent l'utilité, la disponibilité indispensable de la

Plateforme **NZ** pour mettre en coopération active les couples cérébraux les plus performants. La résolution des cas ou causes économiques, politiques ou autres les plus énigmatiques dont la multiplication est inévitable sont dans la potentialité de la plateforme **NZ**. Pour assurer un aboutissement et une fatalité positive, pour faciliter l'orientation d'un destin, le leaderships **NZ** ne sera pas superflu.

83. LE PONDERE ET L'IMPONDERABLE DE LA PLATEFORME NZ

L'agitation, l'excitation, la sollicitation du cerveau n'ont jamais été aussi importantes, élargies et permanentes qu'en ce 21è Siècle et ce mouvement continuera sur la même voie parce que tout dépend de plus en plus des capacités et des décisions cérébrales. L'ampleur et la rapidité du mouvement imposé par Internet et l'informatique au travers de leurs dérivés et connexions ont des conséquences s'inscrivant dans tout l'univers de ce qui est pensé, vu, écouté et miniaturisé.

L'importance et la permanence de cette sollicitation font que le pouvoir cérébral accroît sa puissance de décision et il est impossible d'échapper à ce cycle. Le cérébral a cependant ses limites qui sont traduites par des signaux propres à chacun et bien connues de tous : lorsque le moment de la saturation arrive le cerveau n'accepte plus rien et le flou mental s'installe. Ce sont là des informations naturelles, essentielles et particulièrement dangereuses à ignorer parce qu'il s'agit d'une fin de processus neurologique.

La Plateforme **NZ,** Centre informatique d'échanges cérébraux valorisants est aussi le rempart, la fortification contre les excès du travail ou de la mauvaise organisation de l'effort mental lequel alors ne peut plus aboutir. Comme il n'est pas possible d'adapter l'intensité de la haute évolution au cerveau, il faut, à l'inverse que celui-ci puisse la dominer et cela ne sera possible qu'avec **NZ.**

A ce point, une comparaison s'impose. Le « *moteur de recherche* » de la plateforme NZ s'apparente aux cerveaux eux-mêmes parce que ce sont toujours les cerveaux, et seulement eux, qui possèdent la solution recherchée. Tout 'moteur de recherche' algorithmique est une imitation de construction cérébrale, une sorte de mémoire morte active, qui va rechercher mécaniquement tout ce que les cerveaux ont créé : c'est une recherche historique plutôt phénoménale par son ampleur et sa rapidité, un dictionnaire mondial instantané. Mais, s'il est historique, il n'est pas créatif et ne peut pas propulser un « Eurêka » !

Enfin, la confidentialité, élément premier de la confiance en la plateforme est assurée au niveau des échanges et transferts des solutions cérébrales par les avancées de la cryptologie assurant l'échange des composants et synthèses les plus sensibles de manière absolument confidentielle, synonyme d'une confiance de même nature.

En résumé, on peut dire que toutes les craintes surgissant à tout instant dans le monde politique, économique, financier, industriel, scientifique..., correspondent à une qualification exprimant l'impossibilité de trouver une solution, une parade, une orientation de la pensée offrant le choix ou la possibilité d'une solution. Et pourtant, celle-ci existe puisque n'importe quelle crainte se transforme tôt ou tard obligatoirement soit en solution si elle était fondée, soit en disparition du phénomène redouté s'il était infondé. C'est par conséquent cette vision du fondé et de l'infondé qui doit et peut être résolue par le *solutionnage* cérébral profond, ou élimination des fausses craintes.

Les données sociétales relatives à la Plateforme **NZ** sont indiquées ci-après. Elles sont approximatives et globales, ressortissantes de l'INSEE, c'est-à-dire qu'elles correspondent seulement à la France. Les données européennes sont en structure légèrement différentes mais les rapports cérébraux semblent constants. Ces chiffres suggèrent qu'une activité régulière de NZ est en mesure de pouvoir offrir à ses réseaux des avantages comparatifs et compétitifs extrêmement importants dans tous les domaines d'activité où les cerveaux et la coopération cérébrale sont de plus en plus indispensables à la prospérité générale et à la croissance.

A titre indicatif, la coopération cérébrale française à partir de la Plateforme **NZ** dispose de la potentialité suivante :

Patrons de l'Industrie et du Commerce... 1.750.000

Cadres et professions intellectuelles supérieures......................... 4.700.000

Dont : Activités financières.............................. 250.000

Transports 1.100 000

Activités immobilières 300.000

Services aux Entreprises 3.200.000

Information et Communication......... 700.000

Haute Administration......................... 500.000

Tels sont les principaux composants et déterminants de la productivité **NZ,** laquelle dans ce cadre très spécifique se résume en quelques mots **: *ENTRAINER, PROVOQUER, VALORISER L'ESSENCIALITE CEREBRALE.***

84. CERVEAUX & INEGALITES : DUOPOLE MONDIAL

Le cerveau est la cause première des inégalités génétiques et la seconde cause de la création d'inégalités économique profondes et de la pauvreté. Le cerveau tout puissant et les inégalités volontaires et créatrices forment un duopole mondial qu'il faut subir, à l'instar d'un tribunal invisible forçant le monde à tourner avec et autour d'eux…

L'Économie, dont la finalité est la croissance, contient en puissance les inégalités la composant. Les inégalités sont donc partout dans les cerveaux et se déclinent à tous les niveaux et en dernier à celui de la détresse humaine.

Il faut cependant savoir de quoi l'on parle. L'inégalité des revenus sont un aspect trouvant sa légitimité dans toutes sortes de lois définissant les coûts de travail, de l'impôt, de la fiscalité en général, des indices et des échelles de rémunérations. Il s'agit donc d'une dépendance directe des savoirs et des connaissances.

Savoirs et connaissances constituent dans leur généralité un autre type d'inégalité économiques se traduisant au niveau des entreprises de toutes natures : les plus faibles et inégales disparaissent laissant la place aux plus fortes, assurant la croissance des unes et la disparition des autres.

Dans tous les cas et en réalisant l'effort d'une remontée aux sources, la constatation est toujours la même : une erreur basique de stratégie, de tactique, de technique ou simplement un mauvais raisonnement... lesquels existeront toujours, mais qui pourront être évités par ceux, pour l'exemple, qui utiliseront **NZ.**

Les inégalités physiques ou accidentelles sont des calamités personnelles relevant de remèdes ou d'ordre médicaux, chirurgicaux o de prothèses...

Et nous arrivons enfin à la Pauvreté, à la Nécessité, l'Indigence, la Misérabilité : les PNIM. Beaucoup de qualificatifs, peu, très peu de remèdes ; beaucoup d'expériences, certaines *« Nobellisées »* mais qui, par contre, n'apportent aux qualifiés 'PNIM'. Que fait-on, que peut-on faire ?

85. L'ECONOMIE DU CERVEAU ET DES INEGALITES

Le cerveau est le véritable et seul moteur de l'économie et des inégalités. Les PNIM sont les patients en attente de quelque chose, d'un développement, d'une atténuation de la faim et parfois de la fin ou de la misère.

Deux voies principales sont ouvertes : la première, de caractère officiel est celle des Etats prenant en charge une petite partie du secours, et à travers l'Etat l'impôt des citoyens. Une traduction concrète est nommée en France RMI puis RSA (Revenu de Solidarité Active). Le premier avantage de cette prise en charge est de pouvoir chiffrer 'officiellement' la situation. En France, 2 millions de personnes au moins bénéficient du RSA, soit 500 Euros pour une personne seule sans enfant (15^E/jour). En réalité, les PNIM + les immigrés sont beaucoup plus nombreux que les bénéficiaires officiels du RSA et sont plutôt abrités dans les 14 métropoles nationales. Pour de multiples raisons une certaine quantité de personnes seraient éligibles au RSA mais cette fenêtre leur est fermée. Comment l'entrouvrir ? : c'est là une question de solidarité, synonyme d'égalité, qui devrait à ce titre renforcer les possibilités de secours. Il est possible de préciser que le nombre annuel de morts des sans-abris oscille entre 400 et 600.

La seconde voie est celle, ouverte et exemplaire par son importance, par le couple B. GATES, qui, en créant l'ordinateur et sa fameuse fenêtre à créer aussi bon nombre d'inégalités professionnelles, de savoirs et de connaissances. Mais la position du couple Gates est exceptionnelle par son ampleur et sa réussite est admirable.

Dans la mesure où le succès de la Plateforme **NZ** sera acquis des propositions seront faites ouvrant la possibilité aux mairies et aux associations la création d'un dispositif d'information et d'inscription, après consultation cérébrale médicale, des intéressés, quel qu'ils soient,

L'INDISPENSABILITE DE NEUZEL

Présentation de 12 cas d'utilisation de NZ

L'INDISPENSABILITE DE NEUZEL :

AIDEZ-VOUS, NEUZEL CREUSERA

1

L'intra-cérébralité est l'avant-poste naturel de la technique des choix stratégiques et de leur coordination d'ensemble. Leur importance est cruciale pour la réalisation d'un plan ou d'un projet. Dans ce type de circonstances chacun connait et déplore les limites redoutables de sa puissance mentale, psychologique ou même physique. Les remèdes, à la fois innés et volontaires sont peu nombreux et font partie des essais et ressources de la vie : l'enseignement, le sport sont les deux principaux, partagés et parrainés par d'autres coachs de l'entourage. Le remède est alors collectif et par cela limité dans ses effets et ses attentes. A y regarder de près chacun cherche un approfondissement et un élargissement de ses capacités en s'intéressant aux offres culturelles existantes pouvant offrir un surcroît d'intérêt, mais elles-mêmes limitées. Cette barrière mentale et cérébrale, comment la surmonter ? C'est la question intime permanente, inconsciente et déterminante.

Quelle réponse à cette limite ? Comment la surmonter ? Les effets déployés par chacun à son niveau de responsabilité sont une démonstration de cette inquiétude et une sorte d'appel au secours de la Plateforme Neuzel : Elle offre la réponse naturelle de l'intra cérébralité, indispensable pour répondre et faire reculer les limites personnelles de l'impuissance mentale partielle, évidemment en corrélation étroite avec la qualité de l'évolution.

Quelques exemples d'actualité des deux premières décennies du siècle vont brièvement exposer, révéler la nécessité de l'intra-cérébralité.

2

Le développement exponentiel des données en provenance de milliards d'internautes, conscients ou non de cette avalanche d'éléments d'informations est considéré comme un véritable trésor. Il est à la fois concentré et dispersé dans des centres de conditionnement informatiques répartis dans des zones froides du monde pour limiter le besoin de refroidissement exigé par ces monstres, divisés en 45 unités hébergeant chacune 1000 serveurs, d'où leur dénomination de « fermes de serveurs » produisant une information considérable. Celle-ci permet, en principe, de tout savoir et de tout connaitre, de connecter tout à tout, imageant ainsi que l'internaute est sur un « nuage » d'informations aussi paralysant qu'utile. Qui peut établir une synthèse à partir de questions dont les contradictions sont quasiment impossibles à limiter ? Avec l'aide de l'I.A. et sa puissance d'analyse, la mise en présence par NZ d'une intra cérébralité pourra synthétiser et apporter l'utilité immédiate au déversement des « nuages ».

3

Du fait de la masse informationnelle mise à disposition, le système Internet peut avoir un caractère fractal permettant de connaitre un tout (ou presque), à partir d'un ou deux éléments seulement. Mais, ce qui est possible dans un espace de réflexion limité, est loin d'être suffisant pour une pénétration en profondeur des réalités. Là encore, l'absence d'élément supplémentaire de réflexion et d'interprétation bloquera toute avancée. Une utilisation puissante de l'intra-cérébralité N Z. est la solution compensatoire.

4

Sur le plan économique, la question lancinante du partage admissible entre salaires et profits ne trouve jamais de réponse satisfaisante. L'extrême importance de ses enjeux est en effet le partage optimal de la Valeur Ajoutée. Celle-ci est l'indicateur essentiel représentant la richesse produite et alimentant le double profit du capital et du travail, le surcroît étant créateur des écarts d'inégalités. Toutefois, si le respect du capital est insuffisant, les investissements servent de variable d'ajustement négatif.

Cet indicateur fondamental qu'est la TVA est aussi un élément très important de comparaison avec d'autres pays, il est devenu difficile à interpréter avec l'économie numérique qui le conduit à l'obsolescence. Le principe de la TVA parait donc avoir fait son temps. Le basculement dans le numérique va rendre caduque, faute de précision l'utilisation de la valeur ajoutée pour piloter les ajustements du partage « Salaires Profits ». Les bases de comparaisons traditionnelles de la valeur ajoutée disparaissent sous l'influence du développement démographique, de la diffusion des savoirs, de l'explosion des Services, de l'évolution des échanges basculant du matériel vers l'immatériel. Tout cela est irrémédiablement entraîné par l'informatique facilitant, au surplus, le flou de l'optimisation fiscale des multinationales. Une question forte est donc aujourd'hui de savoir comment remplacer la TVA. Originaire d'un cerveau financier il y a plus de 50 ans, son remplacement dépendra d'une confrontation synthétique énorme et intracérébrale dont les prémisses fondatrices peuvent être attendus de NZ.

5

Comment l'évolution politique va-t-elle évoluer et se réaliser, sauf à se perpétuer ? L'influence d'Internet et de l'informatique n'est plus à discuter et va s'appliquer au mieux des circonstances pendant une période dont la durée est inconnue. Son véritable éclatement ne peut tarder ni les convulsions d'accompagnement. La première manifestation du changement se vérifie dans un lissage de situations difficiles plus ou moins violentes et éphémères et se traduit en finale par la permanence des campagnes électorales. Cette situation se retrouve à tous les niveaux, du simple Député au Président. Chacun est obligé, et cela est vrai dans tous les pays, Il est devenu indispensable pour tout personnage politique de couvrir sa popularité et internet lui apporte pour cela tous les concours possibles, immédiats, adaptés mêmes aux réseaux sociaux qui sont à sa disposition. L'accès de l'homme politique avec ses électeurs est complètement ouvert, mais les conversations, les espaces de discussions sont organisés comme un sondage permanent transformant le pouvoir politique en référendum constant. Il est clair que NZ pourra être utilisée comme relais d'expression et de transformation de l'inter-cérébralité territoriale.

6

La super-puissance de l'informatique constitue un encouragement à la transformation des composants économiques des marchés en croissance quasi endémique de leurs structures dominantes.

Sur la base d'une organisation numérique poussée à l'extrême par l'informatique et des investissements colossaux adaptés, l'objectif d'atteindre la puissance maximale sur un marché ou un poly-marché est une tendance forte, un prolongement des ambitions et des possibilités offertes et maximalisées par les outils de la gestion numérique. Elle contient cependant ses propres limites et en créent d'autres. La voie principale à suivre pour parvenir à une véritable puissance de marché est celle de la suppression de la concurrence totale ou résiduelle : elle constituera cependant un obstacle difficile ou parfois impossible à franchir. De plus, la puissance de marché ne peut être atteinte et obtenue définitivement que par et à l'aide d'une gestion avancée des données et de l'information contingente limitative de puissance. Cette dernière ne pourra donc être « durable » que par l'accord participatif des régulateurs de puissance que seule une concertation intra-cérébrale quasi permanente avec **NZ** pourra surmonter et entretenir.

7

Le cycle de l'évolution, dans sa diversité est manifestement dépendant des forces énergétiques. On peut même dire que depuis l'arrivée et l'expansion du numérique, jamais l'énergie et la dépense énergétiques qui vont avec n'ont été aussi importantes qu'elle l'est maintenant pour les internautes connectés.

Le numérique semble avoir la vertu de renforcer l'énergie morale qu'elle transforme en vouloir et en efficacité pour produire du travail. L'activité est une capacité, une force cérébrale qui pousse à agir et active une volonté de faire, multipliant l'énergie du cerveau en cycle final de la réalisation de l'objectif. La question lancinante posée du remplacement de l'homme par la machine n'a pas grand sens car son contraire, le remplacement de la machine par l'homme est aussi une réalité : la machine va au rebut et l'homme en active une autre plus performante que lui et la précédente. Autrement dit, c'est le niveau supérieur mécanique apporté et recherché par l'homme qui fixe le destin de la machine et pas le contraire.

La Plateforme **NZ**, comme technologie supérieure de conception, n'importe laquelle, pourra être déterminée par la confrontation intra-cérébrale du plus haut niveau afin de mieux servir et s'adapter à l'évolution humaine.

8

Récemment, plusieurs rapports émanant du Quai d'Orsay ont insisté sur l'influence basique de l'ONU concernant l'organisation de l'évolution technico-économique. De nombreuses compétences servant de références et d'encadrement aux activités faîtières mondiales doivent être normalisées pour maintenir en équilibre le fonctionnement complexe de la planète. Quinze organisations sont représentées à New York, siège de l'ONU, dont quatre conditionnent une bonne partie de l'activité stratégique mondiale. Il s'agit de l'OACT, Organisation de l'aviation Civile Internationale (Montréal) ; de l'UIT, Union Internationale des Télécommunications (Genève) ; de la FAO, Organisation mondiale de l'Alimentation et de l'Agriculture (Rome). De l'ONUDI, Organisation pour la promotion de l'Industrie des Pays en Développement (Vienne)

Chacune de ces organisations faîtières sont maintenant dirigées par des personnalités chinoises toutes puissantes.

Inutile d'insister sur les conséquences de cette mainmise se rapportant aux activités essentielles et aux investissements gigantesques en préparation pour le devenir mondial.

L'esprit compensateur de cette stratégie administrative de la Chine sur l'évolution humaine est la composante intra-cérébrale. Elle devrait intervenir au moment des choix fonctionnels proposés par ces Organisations. Cette possibilité de lissage équitable des intérêts internationaux est un exercice éminent du domaine consultatif de **NZ**.

9

L'Evolution, c'est-à-dire le changement progressif, est inéluctable concernant toute chose vivante, ou que l'on fait vivre, comme c'est le cas de n'importe quelle entreprise. Finalement, ceci signifie que rien n'est durable, ne peut l'être, doit changer et se modifier plus ou moins rapidement, selon la nature des structures initiales. Les Co fondateurs de Google l'ont bien compris, à temps.

Les GAFAM Californiens ne font donc pas exception et sont apparemment entrés dans une phase d'évolution active se manifestant par des tensions entre eux plutôt inamicales. Principalement en cause, les tentatives de chacun pour s'emparer de parts de marchés des autres. Vu les profils et les capacités des intéressés les réponses et les contre-actions sont plutôt sévères. Aucun ne veut et ne peux perdre un atome de puissance de son marché publicitaire, de son commerce en ligne, de ses espérances sur les données, sur les objets connectés ou les services bancaires en phase de développement ou d'essai comme le Libra. D'évidence celui-ci a manqué la confrontation préalable de confiance qui s'imposait avec l'ensemble des grandes instances financières.

Tous cherchent des relais de croissance(s) et leur situation financière permet de satisfaire n'importe quelle tentation de poids. Amazon a pris place dans le commerce, ce qui lui assure une position concrète l'introduisant dans le tangible ; les autres restant jusqu'à présent dans l'abstraction ou développant au maximum la publicité, y compris à domicile', le streaming ou toute nouvelle start-up au projet attrayant.

Quelles que soient les nuances respectives d'utilisation de leur base économique, leur rencontre brutale sur un ou plusieurs marchés est inévitable. Pour maîtriser ou accorder ce qui menace en permanence la croissance ou les relais de croissances, ou les opportunités ciblées de chacun, la confrontation d'équilibre intra-cérébrale formulée par **NZ** restera l'horizon de secours. La recherche de l'entente évitant les séismes ébranlant l'existence même des monstres économiques et celle de bien d'autres sans doute, est l'objet de cette instance d'impartialité supérieure.

10

Les sens ont conditionné la vie humaine au cours du temps et des âges. Ils se sont organisés et protégés par des réflexes et ont peu à peu créé leur propre prolongement pour satisfaire les exigences diverses imposées par l'évolution. Avec l'aide des capacités cérébrales, chaque sens s'est doté d'un prolongement matériel complétant son pouvoir et son action en ajoutant de nouvelles ressources d'exploration et de vérification des forces de l'esprit.

La vue s'est prolongée par des lunettes et un vaste éventail d'appareils optiques dont on connait les conséquences et qui vont continuer à étonner avec les prouesses de l'infiniment grand et petit. L'odorat, l'ouïe, le goût, la voix ne sont pas en reste et disposent chacun de sa modernisation et des nouveautés permanentes afin de renforcer la satisfaction et les exigences que le mental impose sans cesse au corps, à l'esprit, à la mobilité.

Le cerveau qui commande et programme les cinq sens vient lui aussi de recevoir son auto-prolongement en se dotant de l'Intelligence Artificielle (I.A.) ou algorithmique, détaillant les opérations élémentaires réalisant un travail précis, selon un savant du 13è siècle. Quelques cerveaux, pas comme les autres, ont jugé nécessaire de perfectionner cette idée en lui trouvant une aide pour propulser plus vite et plus loin les fonctions mentales. L'intelligence naturelle, ou biologique a donc développé le « logiciel » modernisant et renouvelant le contenu dudit savant. Ce prolongement, d'abord mémoriel est une aventure considérable parce qu'elle modifie également tous les systèmes de classement, de mémorisation et de mise à disposition. Peut-être même qu'à la fin du siècle l'inutilité des bibliothèques se posera entraînant un séisme culturel.

L'I.A. n'est cependant pas une fin en soi. Ses limites réelles sont simples et évidentes. En premier, elle n'existe que par l'intelligence naturelle qui lui a donné naissance et lui fixe à présent les objectifs à atteindre. L'une ne serait rien sans l'autre et les rêves de l'I.A sont loin des réalités. Quelles en sont les trois raisons essentielles ? D'abord les objectifs qui lui sont imposés relèvent du simple prolongement des sens évoqués plus haut, même si l'explication originale et utile qui traduirait l'intelligence n'y est pas. De même, l'apprentissage profond, deep learning, n'est qu'une rapidité mémoriale d'un résultat traité et obtenu d'avance mais non original ou nouveau. En bref, l'I.A. représente les ambitions, les rêves et le laboratoire de l'intelligence naturelle.
La fiabilité de l'I.A. est fonction de l'objectif précisé et de l'intelligence humaine, ce qui explique que toute situation

imprévue soit source d'erreurs ou d'accidents lorsque l'I.A. lui est confrontée seule et en direct. Exemples, la confiance absolue de l'I.A. dans la fiabilité de la voiture autonome d'une part et celle dans la fiabilité des tâches sensibles d'autre part, n'existe pas. Les raisonnements et la vision supérieure des solutions, des simplicités des problématiques et des confrontations impartiales sont du domaine de **NZ**.

11

Le « **Point Neuzel** » est l'indice servant de référence du choix cérébral destiné à participer aux réflexions et recherches des solutions pouvant être offertes aux difficultés et problématiques confiés à NZ ou organisés par elle.

En règle générale les travaux et les solutions relatifs à une exploration, un approfondissement en tous sens pour renter de découvrir ce que l'on espère ou que l'on imagine, prend le terme administratif de « recherche » en s'organisant dans la durée. Mais à l'inverse il existe une très importante interrogation qualitative de solutions à des problématiques économiques, financières, pré ou post politiques, sociales, sociétales en attente immédiate ou différée de solutions basiques, suscitées ou imposées à toute entreprise, ou entité adossée à de multiples acteurs ou intervenants. La recherche de solution qualitative rapide ne dépend donc pas de connaissances spécifiques profondes, mais d'une disposition, d'une présence d'esprit ou d'un réflexe mental. C'est ainsi qu'il y a toujours une solution et lorsqu'il n'y en a pas c'est que le problème ou le sujet est mal posé.

L'ingénierie de **NZ** consiste notamment à cibler par expérience, recommandation, observation... l'existence évidente d'esprits ouverts, perfectionnistes, enrichis et synthétiques acceptant de participer à des sauvetages ou bouclage de problématiques complexes.

Toute intervention via la plateforme disposant de son indice qualitatif offre un classement de valorisation permettant une concertation inédite de talents indispensables pour accroître l'inventivité des responsables et décisionnaires et aussi celle des équipes et leur rivalité de progrès.

La compétition est essentiellement cérébrale et mondiale. **NZ** détient donc les clés des fulgurances mentales assistées.

12

La Vie est l'ensemble des connaissances, des difficultés, des évènements se situant dans la durée de l'existence. Elle est donc constituée d'un ensemble de choses complexes et innombrables dans leur variété et leur importance. Toute cette diversité, ce mélange constitutif de la vie est régulé par le droit' servant à équilibrer la vie de chacun dans l'ensemble des vies et des activités.

Cependant, si le droit est indispensable pour fixer des limites, il n'apporte pas de solution aux complexités composant les choses entre elles et les activités les utilisant par le travers des techniques et des usages spécifiques. Le droit dispose de son équivalent dans la réserve cérébrale capable de proposer les composants d'un équilibre satisfaisant ou à tout le moins utile aux parties concernées. Ces composants sont souvent subtils et la ressource intra cérébrale **NZ** est un recours pour aider les parties à obtenir une solution.

Le problème des retraites qui a fait et fera tant de bruit est le type de difficultés citoyennes et complexes qui ont pris une forme labyrinthique, ne pourra jamais trouver de solution pérenne conservant la poursuite des avancées sociales tant que le fondement des retraites ne sera pas inscrit dans le Droit Constitutionnel. Lui seul pourra permettre de faire arbitrer les différentes positions évolutives contenues dans la problématique qui interpelle à présent la totalité des citoyens. Le cadre constitutionnel offrira les moyens et la pertinence de discussions, dans la durée, qui pourront avec profit utiliser l'intra-cérébralité de **NZ**.

FOCUS

L'idée d'égalité en matière humaine n'existe pas parce qu'il n'existe aucune égalité réelle. C'est l'inégalité qui est la réalité.

Une des conditions pour que les individus soient égaux seraient qu'ils possèdent les mêmes droits mais ce n'est là qu'une idée ou un souhait inexistant. L'Ega lité est relative et est en réalité un non-sens car aucun individu n'est identique absolument, intérieurement et extérieurement. L'inégalité est par conséquent la règle humaine : de l'image au caractère l'identité absolue serait le soi-même et la biologie y apporte une confirmation mondiale.

L'inégalité volontaire est une conséquence, une valorisation renforcée d'une inégalité. Elle est au-delà du fait naturel d'inégalité qui est la règle générale. Et cette différence selon l'ordre économique est une grandeur supplémentaire qui vaut et fait ressortir une valeur d'Échange enrichissante, à proportion du désir qu'elle suscite.

La coopération inter-cérébrale, en fait l'inter-cérébralité permettant la gestion volontaire de l'**EUREKA** par la Plateforme NEUZEL (**NZ**) porte en elle, la primauté de toutes les volontés puisqu'elle est, dans son principe, créatrice sans équivalent d'utilité objective absolue.

Le cerveau est la star de ce livre. Il sera aussi la révélation des capacités du lecteur et de son pouvoir cérébral renforcé.

L'instantanéité de l'informatique, d'Internet, des communications créent la confrontation permanente des cerveaux, eux-mêmes créateurs d'inégalités.

De manière simple et exceptionnelle, les connaissances neurologiques et informatiques sont synthétisées dans cet ouvrage et proposent de nouvelles formes d'interventions pour la coopération inter-cérébrale, l'utilisation des Données et des inégalités.

L'extrême complexité du monde a besoin d'extrêmes intelligences : comment résoudre rapidement les problématiques équivoques, les vérités douteuses, les hypothèses énigmatiques mises en présence dans tous les domaines : politiques, économiques, financiers, scientifiques… ? A l'origine des catastrophes, des découvertes, des inventions, des succès…, toujours le même Responsable : le cerveau.

L'avenir de l'Europe et des nations se dessine chaque jour avec difficultés au travers des détours et contours de l'esprit des partenaires et décisionnaires. Plus que jamais le besoin existentiel d'une coopération inter-cérébrale singulière, confidentielle, est indispensable entre réseaux. Elle est apportée par la très étonnante Plateforme Informatique **NZ**, liant en outre, son succès à une aide authentique aux inégalités profondes.

ADDITIFS

L'ESPRIT DE SOLUTIONS

NEUZEL*

CODE BLEU

MERCATIQUE NEUZEL

FASSAFAS *

ENCHÈRES SOUMISES

CESSION DES DROITS ET APPLICATIONS
INFORMATIQUES CRÉANT UN RÉSEAU
CARDINAL DE NÉGOCIATIONS
LOGISTIQUES INTRA-CÉRÉBRALES

- MARQUE DÉPOSÉE

SUPPLEMENT INTEGRANT LE PLAN D'ACTION ET DE DEVELOPPEMENT NEUZEL / NZ

Au centre de la Plateforme NEUZEL se placent les cerveaux dans leur complexité, leur existence actuelle et antérieure : ils constituent le noyau
du modèle économique NZ

FONDEMENT RATIONNEL

L'extrême complexité du cerveau humain est très très loin d'avoir dévoilé ses secrets. Aucun neurologue, aucun neuroscientifique ne contredit cette réalité. Bien au contraire, l'insistance, la passion avec lesquelles leurs recherches sont conduites montre leur certitude de trouver un jour l'explication du mystère de l'expression de la pensée et de l'écriture.

 L'importance de la réserve cérébrale, encore inconnue, se dévoile peu à peu par l'apport, et parfois l'explosion d'une idée, d'un « Eurêka » surgissant et imposant respect et considération. D'où vient ce contenu imprévisible ? Il est souvent suscité par le renchérissement cérébral et probablement d'une séquence d'un simili cerveau héréditaire transporté par l'ADN, s'ancrant dans la mémoire.   Quelle autre explication que cet apport de la génétique retrouvant les fondements de tendances familiales antérieures surgissant chez les enfants, les adolescents et parfois la puissance créative d'un descendant plus ou moins lointain ?

L'eugénisme intellectuel, c'est-à-dire les moyens d'améliorer les caractéristiques de l'humain est notre priorité et est une réalité qui n'a rien à voir avec le racisme, son absurde déviance.

La transcendance cérébrale héréditaire n'est pas non plus à confondre avec les connaissances, mais à considérer comme une caractéristique forte et personnelle d'une tendance, d'un indice indélébile de l'ADN.

Une recherche eugénique différente, menée par des groupes comme celui d'HINXTON composés de sommités, est celle d'intervenir dans l'augmentation génétique des embryons humains avec l'objectif d'obtenir un renforcement générationnel de l'intelligence référencé par le QI.

Il est certain qu'un jour ou l'autre, et peut être pas très lointain, ce type de recherche entrera en applications, provoquant l'arrivée de problématiques sociales et de situations économiques et politiques inextricables à priori et donc du domaine NZ.

La référence au QI supérieur à 100 pourrait servir à la sélection des candidats postulants à la communauté NZ qui serait une première base représentative des capacités de réflexion, de synthèse, et de créativité, utiles à la résolution de problématiques complexes, ou de difficultés précises soumises, à la sagacité NZ.

STRUCTURATION

La structure de la Plateforme NZ se différencie des autres plateformes du fait d'un regroupement inédit de capacités cérébrales créant une permanence de liaisons entre les technologies d'évolutions et les difficultés professionnelles de toutes sortes qu'elles produisent.

Elle se distingue également de par son caractère ni commercial ni publicitaire : sa mission est de proposer des solutions tactiques ou stratégiques et ceci entraîne une troisième différence, celle de ne pas avoir à utiliser les milliards de données vulgaires obtenues et stockées journellement. Celles-ci ne sont pas utiles au niveau d'activité de NZ et sont substituées par les synthèses issues des problématiques équationnelles très difficiles à résoudre sans le secours de l'expérience intra-cérébrale. L'essentiel de l'offre NZ est par conséquent de pouvoir clarifier les relations conditionnelles des situations dépendantes de plusieurs variables. A l'intra-cérébralité NZ de trouver la meilleure égalité et la plus satisfaisante pour les parties demandeuses.

Il s'ensuit un potentiel politique et un collectif de « matière grise » venant au secours de celles absentes, momentanément ou non. Une alliance des besoins s'organise et s'accorde avec l'ingéniosité pour renforcer les capacités existantes et résoudre des problématiques-clés facilitant et répondant à l'exigence prioritaire de progrès des dirigeants et décisionnaires.

D'où enfin la particularité de la Plateforme NZ d'élaborer son offre au cours d'entretiens ou de réunions réalisés dans la confidentialité la plus totale par des clés personnelles de cryptage des moyens de communication.

Une triple technologie de pertinences structure par conséquent NZ :

➢ Les moteurs de recherche et les algorithmes aidant les bases actives de la microphysiologie cérébrale ;
➢ Le couplage Cerveau + I.A. pour les performances recherchées ;
➢ La recherche et la découverte des similis cerveaux.

OBJECTIF

Il est très probable (pour ne pas dire certain) que l'évolution numérique devienne une fonctionnalité inévitable transformant toutes les entreprises en « plateformes » de divers types impliquant un nouveau code pour leur Administration et leur Direction dans leur diversité et leurs problématiques de marketing, de management intensif et de prospérité concurrentielle.

Face à cette évolution, NZ doit à la fois être et offrir un agencement de puissances, un foyer de relations concrètes entre grands acteurs nationaux, européens… et pour tout dire une nouvelle fonction de coopération cérébrale entre ses adhérents favorisant leur coordination effective en vue d'atteindre les solutions recherchées pour les mettre en œuvre.

Cette coordination de coopération s'impose également par les énormes perspectives ouvertes à la suite du perfectionnement permanent des nouvelles technologies numériques dont l'évolution exige un effort et un appel constant aux capacités cérébrales à la fois pour les dominer et les faire prospérer par de nouvelles découvertes ou créations. L'utilisation d'excellentes capacités cérébrales naturelles et de plus en plus renforcées, permettront de porter au pinacle solutions et recommandations.

242

L'objectif de NZ est la croissance des PNB dans les territoires « neuzeliens » et de leurs parties prenantes, ainsi qu'il est développé au Chapitre 12 de l'ouvrage. Plusieurs grands pays travaillent dans la même direction et sont à la recherche d'une méthode finale de réalisation : ce sont les concurrents des autres entreprises et ceux de NZ en particulier.

Il s'agit en réalité de la naissance d'un mouvement cérébral international qui sera pour chaque nation un atout dimensionnel nouveau à faire prospérer avec les puissances de l'hyper- informatique.

RECUEIL SPECIAL DES MOYENS DIVERS DE CAPTATIONS DES VALEURS   INTRA- CEREBRALES.

Pour faire vivre et prospérer NZ et ses adhérents un ensemble de moyens humains, financiers, commerciaux, techniques, relationnels sont indispensables et responsables de la conception, du fonctionnement et de la prospérité du modèle économique NZ De l'articulation des parties et de leur efficacité proviendront qualité et réputation.

L'hyper informatisation des moyens ci-dessus et leur accompagnement sont l'énergie de l'ensemble.

Sous la forme d'un « CODE **BLEU** » de l'intra-cérébralité, tous les adhérents, membres et parties actives de la Plateforme NZ seront renseignés sur leur participation, leur rôle les conditions financières et les rémunérations des interventions.

PRESENTATION DU « CODE BLEU »

EQUIVALENCE ENTRE RAPPORTS DE FORCES ET INEGALITES

Le « Code Bleu » est la suite logique de l'ouvrage, en quelque sorte sa descendance directe et indispensable. Il offre de transposer l'inégalité en valeur d'égalité.

Les dévastations entraînées par les inégalités de nature cérébrale, trouvent dans l'usage de la Plateforme NZ leur limite ou leur suppression.

Les multiples connexions intra cérébrales sont réalisées dans l'objectif d'apporter des réponses aux demandes compensatoires posées à NZ.

Le rôle de NZ est, en première phase de soumettre les divergences à l'intra-cérébralité pour comprendre et absorber les effets négatifs produits par l'inégalité des Parties.

La seconde phase procède à une décision fonctionnelle permise par l'équivalence mentale obtenue.

La troisième phase pose l'interrogation sur le devenir et la certitude que l'accord ne contient aucune justification attirant une modification formelle du type « revanche ».

L'Ensemble formé par la Plateforme est donc décisoire

La participation active à la Plateforme NZ est composée d'Entreprises adhérentes et de personnalités dont la formation intellectuelle et les responsabilités sont les garantes de la capacité de synthèses et d'originalité.

PROCESSUS MENTAUX EN REACTIONS AUX REALITES EXISTANTES

Ci-après un aperçu des thèmes constituant la base des problématiques économiques nationales et internationales que les entreprises de toute nature sont conduites à maîtriser afin de pouvoir répondre et utiliser leurs capacités de productions au mieux.

L'Intra-cérébralité est la mise en présence permanente et organisée par fréquences vidéo de la parole et de la pensée d'un ensemble de cerveaux confrontant leurs capacités et les focalisant afin de révéler la solution quasi consensuelle à la question posée.

L'EVOLUTION TECHNOLOGIQUE ET NUMERIQUE se transforme en nombreux obstacles que les dirigeants doivent surmonter, se méfier, et trouver les bonnes solutions sans souvent y avoir été préparés.

L'avalanche des **data**, pour l'exemple, implique une adaptation mentale importante et rapide concernant une grande diversité de sujets et de conséquences. Dans la mesure où les spécialistes et les scientistes des données n'apportent pas une synthèse accompagnée de propositions claires et conséquentes, le responsable risque fort de ne pas prendre les bonnes décisions ou même préparer inconsciemment une catastrophe pour l'entreprise.

Une autre avalanche, celle **des algorithmes et des logiciels** intervient dans la gestion des entreprises au point de savoir de qui proviendra le dernier mot en cas de divergence : du cerveau du PDG ou de l'avis de l'I.A. ? : de cet avis de l'un ou de l'autre, une suite suivra qui aura un résultat et de grandes conséquences...

L'effort spécifique de NZ est, justement, d'organiser en commun la puissance des esprits coordonnés vers des solutions ou des propositions *(non marchandes)* de logique rationnelle maximale, c'est-à-dire, en l'occurrence, marquant bien la différence entre le 'Conseil' et la « Décision », celle-ci restant en finale le rôle du décisionnaire porteur de la responsabilité finale et de ses conséquences. C'est bien ce qui implique l'obligation de concevoir les conséquences premières et de raisonner sur les suites qu'elles-mêmes sont susceptibles d'entraîner.

L'organisation, la structure, les adhérents, les participants de la Plateforme NZ constituent un Réseau Cardinal, entrelacement unique de cerveaux communicants

. Le renforcement et l'élargissement du **couple Homme-Machine** apporte également une transformation considérable. Le numérique, qui va s'imposer partout et dans tout, humanise la machine et ne cesse de faire de celle-ci le compagnon technique de l'homme, décuplant ses forces, ses possibilités et sa productivité. Dès lors, il est impossible d'imaginer ce que sera ce couple dans 10 ans seulement, à la suite d'inventions incorporant à la puissance informatique celle du numérique : en bref, le monde ne va pas cesser d'être à la fois stupéfié et interrogatif : NZ sera en position d'offrir les réponses.

Sous l'effet des nouvelles techniques et technologies se développe aussi la tendance à la

miniaturisation des entreprises face à une maximisation des marchés.

'Miniaturisation', en ce sens que les opportunités d'extension des marchés par la production, les transports, la distribution, les livraisons en ligne et considérablement aidé par l'usage des 'données' et de l'application de leur science… font que les entreprises peuvent faire face à une croissance importante de leur chiffre d'affaires sans beaucoup évoluer physiquement elle-même. Cette modification de ce rapport entraîne la croissance de la productivité de l'ensemble de l'entreprise et pas seulement celle de la production-produits. Cette évolution, en même temps adaptation au changement, va exiger une concertation considérable et une lutte contre les capacités de résistance des anciens contextes.

L'Entreprise et ses compétences, c'est-à-dire la capacité de l'entreprise à disposer des capacités des savoirs et des expériences qui lui sont in- - dispensables.

La première question est de savoir si l'entreprise sait elle-même parfaitement bien ce qu'elle veut être et devenir. En l'absence de cette précisions la recherche de « talents » n'a pas de sens. D'abord : qu'est-ce qu'un 'talent' ? Circonscrire par la pensée, déterminer avec certitude ce qui fonctionne avec précision, aptitude particulière à faire quelque chose, expert en une activité précise… Les talents sont nombreux et divers mais ils doivent être clairs et bien évidents. Si l'entreprise a nettement identifié son ou ses besoins, elle peut trouver le ou les talents qui lui permettront de s'adapter au changement nécessaire ou d'adapter le talent au changement ; la réussite de cette adaptation sera la preuve de l'intelligence de l'entreprise pour développer et enrichir ses formations et ses technologies. Il existe par conséquent un *déterminisme* d'entreprise dont l'existence réelle contient et explique la force et son expansion.

Le Déterminisme, dans ses degrés, explique le passé de l'entreprise et indique son avenir : elle est calquée et reproduit son cerveau directeur. Son expansion est le but ultime, devant pour cela se nourrir de tous les déterminants indispensables. Parmi eux logiciels et algorithmes sont les adjuvants à introduire dans la gestion au cœur des talents de l'entreprise pour compléter l'ensemble de l'existant. Mais là est aussi un des plus grands risques et la principale difficulté du fait que ces compléments ne sont utiles que si les cerveaux dirigeants sont eux-mêmes prêts à les recevoir et à les utiliser totalement : ce qui n'est pas du tout le cas dans la majorité des entreprises.

L'adaptation permanente et l'aide à l'évolution et au changement sont des rôles essentiels de **NZ** parce que le changement et l'évolution sont dans le principe même des milliards de cerveaux et de leur fonctionnement. La formule historique d'Einstein peut leur être appliquée car la matière grise de l'humanité assure l'explosion et l'éclatement permanent des rivalités et de l'énergie que la Vie ne saurait ignorer pour sa continuité.

La Complexité des cycles du cerveau et de ses porteurs est encore une justification supplémentaire de la nécessité interventionniste de **NZ**. Le cerveau explique tout et surtout chacun s'efforce de le faire tout expliquer depuis les simples inégalités humaines jusqu'aux inégalités du Cosmos. Toutefois, les mécanismes déterminants des neurones, de la pensée et des systèmes linguistiques ne sont pas encore expliqués, ni la raison pour laquelle le cerveau humain d'un côté et le blob, penseur et animateur anonyme des plantes, ont tous le même horizon , le même objectif inné de vie : la croissance et l'expansion par tous les moyens pour assurer la vie, et cela depuis l'éternité.

C'est évidemment en utilisant cette force, cette capacité complexe, silencieuse et géniale que chaque cerveau, à des niveaux différents, défend sa propre vision et tente de la sauvegarder.

Chaque idée, toute problématique décisionnelle, est inévitablement soumise à un choix cérébral majoritaire et « légalisant » mais sans offrir la certitude que cette authentification soit la vérité réelle : la démonstration du contraire est, de fait, toujours apportée justifiant et confirmant la seule réalité de l'évolution.

En définitive, l'activité permanente et universelle des cerveaux crée une sorte de '*trou noir*' contenant le magma de l'information dans lequel l'humanité semble irrésistiblement attirée mais qu'elle doit fuir et éviter. De leur côté, les cerveaux **NZ, en intra-cérébralité et déterminés,** ont la sagesse pour rôle et objectif face à toutes les complexités. La recherche de l'excellence doit donc présider à l'orientation de leur intime « *Penser* ».

Telles sont les bases du fonctionnement de NZ dans ses recherches décisionnelles. Cependant, rien, personne, aucun cerveau isolé ou regroupé ne peut totalement supprimer le « doute » inhérent à son propre fonctionnement. Il est une fonction de l'intelligence. Dans tout ce qui précède le 'doute' est présent à des niveaux d'asservissement variables. Ce sont ces niveaux qui doivent être aussi réduits que possible à l'intérieur de toute expression décisionnelle parce que c'est ce qui détermine leur propre qualité.

La neutralité fondamentale de **NZ** est la plus franche réductrice possible de l'asservissement ravageur douteux. Pourquoi ? Parce que, sur un même sujet, le vrai de l'un et de l'autre devient faux.

LES DIFFERENCES PAR LA PENSEE ET LES IDEES ; L'EGALITE PAR LES DIFFERENCES

Munie de ses repères essentiels et riche de ses cerveaux NZ est une représentation synthétisée des horizons du monde économique et de l'économie du monde. L'objectif de l'un et de l'autre dicté depuis l'origine par la masse silencieuse des cerveaux est la croissance, synonyme de l'évolution dont la fonction permanente est la transformation. L'ensemble se retrouve finalement dans les idées, émancipatrices des trésors cérébraux.

NZ est la plateforme des idées : composées et filtrées par une succession de cerveaux, elle structure l'idée déclenchante tant attendue. D'où l'évidence qu'il n'est pas possible de faire progresser la pensée sans l'appel aux idées à l'infini.

Dans ce processus NZ est unique et à ce titre également producteur et magasin d'idées. L'équipement en logiciels et algorithmes lui permet d'être la Référence de domaines clés d'activité parce qu'il est démontré depuis longtemps que l'idée majeure et utile, en somme l'Eurêka lui-même est souvent l'extrait d'un ensemble d'idées s'exprimant avec éclat.

« Avoir l'Idée » est l'évènement le plus important d'une vie : il peut se renouveler, mais autrement car une idée ne peut servir qu'une fois. Pour cette raison, il n'existe pas de législation propre à l'esprit de l'idée en démocratie. Pourtant c'est dans le cerveau que la plus grande excitation existe qui conduit à *l'idée.*

NZ organise le processus capable de parvenir à l'idée donnant vie à un objectif. Mais ce processus n'est pas cérébralement simple : la nécessité de prévoir est dans l'intimité de tout dirigeant ; mais comment prolonger les signes et les causes du présent et les interpréter en tenant compte de leur transformation selon ce que seront les forces et les formes multiples de leur évolution : c'est un exercice difficile qui ne laisse aucune place à l'espérance ou au doute. Il faut alors beaucoup de courage et une idée forte pour remettre en cause une idée admise.

L'accroissement phénoménal des connaissances et la quantité exponentielle d'idées en découlant conduisent maintenant vers l'intelligence artificielle /I.A.. Mais celle-ci n'est malheureusement qu'un classement des idées sans possibilité d'idée originale et nouvelle du fait que toute machine est une idée sans penseur.

NEUZEL EN ACTIONS

Les sessions de NZ sont ouvertes à la demande. Les demandes sont formulées par un mandataire des Parties Prenantes. La synthèse applicative de cette demande doit permettre de définir le choix des responsables possédant les compétences nécessaires et de solliciter leur présence pour la réalisation du mandat.

Le Responsable de la demande est informé du choix des personnalités et de la garantie de la confidentialité du processus. Toute observation ou demande de précisions sur le processus est prise en compte.

Lorsque l'ensemble de la demande, ses contions financières et les participants sont acceptés, une ou plusieurs dates de (ou des) réunions seront arrêtées d'un commun accord, de même que le format (classique, vidéo, visio…) et leur lieu.

Le réseau NZ est conçu pour disposer en permanence des personnalités appartenant aux secteurs essentiels de la cérébralité : Responsables industriels et commerciaux, Professeurs d'Universités, du Collège de France, Chercheurs, Défense, Responsables d'unités scientifiques, personnalités du Barreau, Économistes…, mais tous ont en commun la capacité de simplification ; tous sont dignes de leur pensée, ne cherchant pas à éblouir mais à éclairer. Cette richesse exceptionnelle de' matière grise' est mobilisable selon les exigences des mandats sollicités. Cette variété du réseau tient également compte du fait que les idées sont largement dépendantes de la professionnalisation. NZ est la Plateforme des idées et surtout la recherche de l'idée de celui ou de ceux qui la cherchent. Cependant, l'expérience est également là pour montrer et tenir compte d'un phénomène courant et important de l'esprit : il s'agit du « doute » : à la fois obstacle et indispensable lorsqu'il est fondé sur des preuves. Il est le sel de l'esprit confortant les pensées et très souvent régulant l'incertitude.

L'essentialité de NZ repose par conséquent sur les deux piliers de la 'civilisation des inégalités' au 21ème Siècle : la montée irrésistible de la rencontre des connaissances et des impasses de leur évolution ; la nécessité de trouver leurs idées concluantes : attaque, défense soutien, compromis, Eurêka...

L'HYPERPUISSANCE DE LA CEREBRALITE QUANTITATIVE.

La Plateforme NZ est un outil tant au service du cerveau que de la communauté des cerveaux, c'est-à-dire de la « cérébralité ». Celle-ci oriente à la fois le destin de la Planète humaine « Terre » et les distinguos de sa civilisation. Parmi ces derniers, la prévision économique (*et ses prévisionnistes)*, cherche à positionner cet ensemble mais ne parvient pas à être fiable et doit être constamment modifiée et précisée.

Il y a sur ce sujet, et sur beaucoup d'autres, une modernisation permanente de la pensée. Toutefois, celle du 21è siècle est inédite par son ampleur et ses conséquences. Pour la résumer, on peut dire qu'en 'ensemençant' l'Information de numérique on obtient l'informatique et l'explosion de nouvelles formes et composantes d'actions. Celles-ci vont très au-delà des capacités habituelles de productions et même des possibilités physiques à disposition de l'hyper cérébralité. Cette transformation profonde et totale apporte un renouveau d'énergies et de connaissances. La fonctionnalité numérique généralisée assure, par voies de conséquences, un relais de la progression infinie de l'ensemble de la pensée économique, et de l'économie productrice elle-même, par la « Re-génération » des technologies, des sciences et des États.

La mise à disposition de l'informatique et de ses relais de transmissions a été un extraordinaire levier pour la pensée et a transformé la Communication en lui apportant à la fois la multiplication des moyens, les avantages de l'ubiquité de l'esprit et tout naturellement les conséquences sociales et sociétales qui vont avec.

LA COORDINATION MENTALE ET L'ESPRIT DE SOLUTION

L'arrivée de l'informatique a été un apport aussi considérable que ceux de la vapeur, du moteur à combustion, de l'électricité… qui ont chacun réalisé un changement de culture et l'apparition d'une foule d'objets physiques nouveaux qui ont tous contribué à la transformation culturelle. L'univers de nouveaux besoins, l'exigence de croissance des moyens de vie, de concevoir, de se défendre et de perspectives élargies dans tout et partout ont modifié nécessairement le rythme et les écarts de civilisation.

Sous diverses formes et conditions, la révolution culturelle a été planétaire mais toujours fragmentée par l'impossibilité, du fait de l'hybridation originelle, de parvenir à une équivalence culturelle cérébrale : c'est la soupape de sécurité des civilisations et cela tant que le mécanisme de l'Intelligence Artificielle ne pourra pas être implémenté dans les fœtus…

Être au début du 21è siècle signifie être encore héritiers très proches de la culture du 20è. Au cours des 30 ou 50 prochaines années la 5ème génération de l'informatique va encore développer d'innombrables évolutions technologiques et de leurs composants. Il va s'ensuivre un renforcement des capacités et de la rapidité des communications. Les objets communicants disposeront d'innovations innombrables et deviendront des compagnons de plus en plus intimes. La communication inter-cérébrale profitera évidemment aussi de toutes sortes d'innovations.

Dans la plupart des activités les capacités virtuelles offertes par l'informatique vont continuer à complètement modifier les procédés de fabrication, développer les innovations, accroître les perspectives d'utilisations des produits, de tous les services et leurs remplacements. La logique de cette situation est que tous les métiers et professions, sans exception, sont associés, contraints, totalement bouleversés dans le présent et dans l'incapacité de disposer d'une vision d'avenir fiable.

La multiplication des inquiétudes, des contacts, des discussions, des choses à examiner et des avis imposera fatalement un déploiement infini de conseils, de réunions préparatoires de toutes sortes et de toutes formes qui chercheront l'idée concluante, majoritaire ou exceptionnelle, permettant à une solution d'assurer un espace-temps de relative sérénité...

Le système informatique de NZ sera donc important et complexe : recherche permanente et positionnement des personnalités de l'intrat-cérébralité et des assesseurs ; système d'organisation et de liaison des participants, dispositifs d'absolue confidentialité, choix du format (*visio, vidéo, multi..)* essais de transformation des raisonnements par utilisation de la logique de Boole : Vrai, Faux, Et, Oui, Non…, indispensable en informatique et qui peut être utilisé en appui aux raisonnements humains.

La nécessité, l'indispensabilité de NZ en assistance impose une sorte de croisement, d'hybridation des cerveaux en errances de recherches ou de spéculations concernant la poursuite d'un aspect conclusif mais surtout la vision et enfin l'obtention de l'idée concluante : celle-ci concernant aussi bien les hommes, les entreprises, les institutions…

Le processus informatique préparatoire suivi du processus naturel d'hybridation des capacités à la fois inter et intra cérébrales par le mouvement des idées est alors en position d'obtenir la condition résolutoire attendue.

Le processus informatique de NZ a donc pour objectif l'organisation d'une forme d'union cérébrale. Elle doit disposer pour cela des numérisations nécessaires à une modélisation de la pensée fondée sur la puissance des capacités cérébrales et des pôles neuronaux, tout ceci étant et restant le trésor actif de l'humanité.

A la périphérie de NZ, le brainstorming est un remue-ménage mental destiné à produire beaucoup d'idées, mais non concluantes. A l'opposé, le mode économique NZ organise, en sous-groupes « Plexus » la présence créative d'une élite sollicitée dans tous les milieux officiels et privés réputés pour leurs capacités, leurs compétences professionnelles et leur originalité mentale.

Les Groupes PLEXUS sont conçus pour participer et renforcer sous toutes les formes de communications connectées, les réunions et conseils de toute nature, cherchant à atteindre les concluantes positives de leurs objectifs.

Cependant, en préalable au développement de l'aide à la réussite des millions d'objectifs existants en puissance dans toutes les entités de productives, qu'elles qu'elles soient, il est indispensable de s'occuper et de maîtriser celui des Groupes « Plexus » : ils seront programmés pour :

➢ *Ajuster, améliorer, apporter une ou plusieurs bases nouvelles ou scientifiques, autant que possible, à la recherche de l'idée ou de la solution concluante signant la disparition de l'ambiguïté ou de l'incertitude.*

Chacun sait parfaitement que la difficulté n'est pas de trouver des options mais de choisir entre elles l'idée de la concluante, la synthèse de toutes les autres.

Après avoir ensemencée l'information de numérique pour obtenir l'informatique, c'est le cerveau lui-même qu'il faut ensemencer. Le cerveau est numérique et l'ensemble de ses connaissances sont mémorisées par le mystère de l'incrémentation dans la 'matière grise', des acquis des autres cerveaux par l'enseignement, la parole, l'acceptation de sa transmission par l'ADN dans ses limites et puissances génétiques. Dans l'attente d'une gnose cérébrale, le cerveau est le modèle économique et le système d'information humain le plus élaboré et universel qui soit.

D'intenses, d'innombrables problématiques concernant les productions, les services, les technologies (PST) vont se développer partout dans le monde avec leur cohorte d'objectifs, d'obstacles et de perspectives particulières.

Les « modèles économiques » sont devenus aussi nombreux que les entreprises parce qu'aucune ne peut progresser sans disposer d'un actif cérébral aussi sensible qu'un baromètre pour protéger, créer et perfectionner ses valeurs. Cette faculté est l'équivalent permanent d'un algorithme de l'à-venir...

INTRACEREBRALITE DES GROUPES PLEXUS

Les Groupes PLEXUS sont les Bio- Réseaux constitutifs de leur cohérence et de celle de leur ensemble en correspondance avec l'intra-cérébralité.

Chacun des Groupes Plexus possède une tendance professionnelle spécifique et complémentaire des autres. Chaque Groupe est numérisé et mobilisable à tout instant selon les sollicitations adressées à NZ. Les principales professions y sont représentées.

La construction du réseau informatique NZ repose sur la planification professionnelle évoquée, coordonnée par la fonctionnalité informatique reliant l'information et la communication : sans jamais oublier que NZ est une sorte de médecin dont le rôle est de soigner une occlusion de la pensée, une absence de perception, un approfondissement des ressources mentales...

Plateforme des cérébralités

Tels sont les éléments et les conditions de la mise en place de la programmation informatique de NZ. Cette formule (protégée par la P.I.) consacre également l'aboutissement divinatoire de l'informatique.

Qui prendra la colossale initiative de son offre aux marchés en affrontements cérébraux continuels ?

Les enchères sont ouvertes sur une offre virtuelle de 100 Millions $ ...

MERCATIQUE NEUZEL

Responsables et Décisionnaires doivent avoir une vision claire de leurs stratégies (*Industrielles, commerciales, financières ou humaines*) et des priorités exigées par chacune au service de l'ensemble.

Les conséquences d'une telle responsabilité impliquent une logique de renforcement des connaissances de tous ordres et de conférences intra-cérébrales sous toutes les formes permises par le numérique, la visioconférence et la vidéo, mais strictement accompagnées d'une totale confidentialité.

Actuellement, en 2020, les statistiques des émetteurs et internet relatives aux applications journalières mondiales, audio et téléconférences, oscillent entre 220 millions et 300 millions,

En tenant compte du niveau spécifique de NZ, *correspondant à la volonté de perfectionnement des Responsables et Décisionnaires*, l'Application du système d'exploitation de la plateforme et de son organisation garantissant la plus stricte confidentialité, la demande que pourraient satisfaire les Groupes Plexus se situe entre 20 000 interventions et 30 000 interventions par 24 heures, soit moins d'un millionième du marché, existant actuel, des vidéo et téléconférences.

Telles sont les premières perspectives des marchés **NZ.**

L'écriture de la programmation, du protocole de sécurité et la mise au point de l'ensemble sont des travaux dont la durée probable sera d'au moins de deux années.

Le taux de rentabilité sera de l'ordre de celui d'une « idée concluante » …

FASSAFAS*

La sublime vertu de la Négociation

La négociation est aussi un rapport d'adaptation aux autres parties prenantes

L'Époque du Siècle 21 est celle de défis d'adaptations sans précédent. Ils sont sans précédent, tant mondiaux que nationaux, économiques et techniques.

De son côté, l'entreprise, quelle que soit sa forme, son importance ou sa nature est une incertitude et un lieu d'incertitudes : à fortiori les nations elles-mêmes et pour une multiplicité de raisons allant des différences cérébrales aux différences structurelles, techniques, technologiques, administratives, commerciales, financières et hiérarchiques… tout est devenu une société en configurations d'échanges où chacun dépend de l'autre et des autres.

Toute réussite socio-économique est due à sa maîtrise des incertitudes internes et externes. Toute réussite est le résultat de négociations des incertitudes par une stratégie permanente d'échanges mentaux.

Tout Pouvoir provient d'une négociation sur les marges d'incertitudes et celles-ci dépendent de leur organisation. Le face à face des Plexus est donc d'aider le Pouvoir à apporter de la certitude à l'organisation et à la renforcer.

Une négociation s'impose dès qu'une rupture dans le cours des choses existe et appelle une nouvelle adaptation des parties de l'ensemble.

Plusieurs analyses fonctionnelles sont nécessaires :

➢ Problématique de la situation.
➢ Position des points de vue
➢ 1-Possibilité d'une stratégie
➢ 2-Possibilité ou non d'un objectif commun
➢ 3-Connaissance des obstacles.
➢ 4-Evaluation des espérances des parties prenantes
➢ 5-Evaluation des enjeux
➢ 6-Examens des propositions et de leurs limites
➢ 7-Désaccords entre solutions et conflits
➢ 8-Projet d'accord respectant le but commun
➢ 9-Contre-projet éventuel
➢ 10-Accord et idée concluante
➢ 11-Prévisions sur les modalités d'application.

Les Négociateurs Plexus peuvent être définis comme étant une force *dynamique cérébrale.* Leur rôle est de réaliser d'excellentes performances objectives et prévisionnelles, notamment sur les variables d'une négociation, telles que présentées ci-dessus, à titre indicatif.

L'IDÉE CONCLUANTE :

Une extrême importance doit être apportée à l'observation de l'*évolution des activités concernées*. Pourquoi ? leur contenu, leur nature, les moyens et les conséquences économiques découlent de leur *adaptation* à la modification générationnelle parvenue à son niveau d'ancrage. La capacité des négociateurs Plexus est alors à considérer comme étant la présence d'éléments cérébraux participants au perfectionnement de la pensée, sensibilisée pour obtenir une solution définie comme « *Idée concluante* » *et objectif majeur.*

Cet objectif ne pourra être obtenu que par la maîtrise stratégique de la négociation, de ses « considérants », et du fait de l'existence d'une surcapacité mentale permettant de cerner et d'ordonner les propositions relatives aux enjeux à structurer.

On peut dire, avec raison, qu'un Délégué/ Négociateur Plexus, est une sorte de médiateur en charge de découvrir l'adaptation, (*ou l'élément d'adaptation*), permettant de confirmer l'évolution, et par conséquent l'avenir, en accord avec les certitudes de l'entité. *(En cas d'impossibilité quelconque, il lui reviendra d'en expliquer le pourquoi).*

L'essentiel pour un négociateur est donc de trouver l'harmonisation de l'idée concluante attendue, avec son adaptation au temps et à l'évolution en cours, souvent délicats à évaluer avec précision. Pour cette raison, l'erreur d'adaptation est fréquente et est d'ordre stratégique.

L'*Adaptation* permet également de constater l'orientation en cours et le sens, positif ou négatif, mais capital, sur ce que pourrait être, à terme, l'Évolution des idées, des moyens et des choses, en confirmation de la sensibilité observée.

Le bon niveau d'adaptation à l'évolution oriente et détermine la validité économique d'un avenir. Il est difficile à définir, mais est pourtant à la base de toute réussite ou échec.

Tel est l'enjeu d'une *idée concluante,* recherchée dans le cadre d'une négociation, réalisée par des Négociateurs- chercheurs, formés spécifiquement pour **« FASSAFAS* ».**

- *Marque déposée.*

BIBLIOGRAPHIE

- G. BERRY - Collège de France. L'hyperpuissance de l'informatique. Odile JACOB 2017
- ABITEBOUL - Collège de France. S. VONEK. Le temps des algorithmes. LE POMMIER 2017
- AYACHE - Le patient numérique personnalisé. Collège de France - FAYARD 2014 G. BERRY- Penser, modéliser et maîtriser le calcul informatique. Fayard. 2010
- Le BIHAN. Le cerveau de cristal : La nouvelle science de la neuro-imagerie. Odile Jacob 2012
- S. MALLAT. Science des données. Collège de France Fayard. 2017.
- D.ROUX. Recherche, Invention, Innovation CdF. FAYARD 2017
- J-D. VINCENT / P-M. LIEDO. Le cerveau sur mesure. Odile Jacob 2013
- K. CUKIER et V-M SCHONBERGER : La révolution des données est en marche. R. Laffont 2014
- Conseil d'État : Étude annuelle 2014 : Le numérique et les droits fondamentaux. Âge de l'humanité. Le Passeur 2016.
- G. BABINET- L'ère numérique : un nouvel
- P. BOURDIEU et J-C. PASSERON : Les Héritiers Éditions de minuit. 1964.
- N. COLIN et G. VERDIER : L'âge de la multitude. Armand Colin 2015.
- Harari Yuval Noah ; Sapiens, une brève histoire de l'Humanité. Albin MICHEL 2015.
- Khan SALMAN : L'éducation réinventée. J-C. Lattès. 2013. Pascal PICQ : Qui va prendre le pouvoir ? Les

grands singes, les hommes politiques ou les robots.
Odile JACOB 2017.

- Dr. Laurent ALEXANDRE. La Guerre des Intelligences. J-C. Lattès 2017

- J. ATTALI. Une brève histoire de l'avenir. Fayard 2006.

- A. COMPAGNON : Les cinq paradoxes de la modernité. Seuil 1990.

- Hans BLUMENBERG : La légitimité des temps modernes. Gallimard 1999.

- B. CONSTANT : Les Constitutions de la France. Flammarion 1979.

- Dictionnaire Constitutionnel. PUF 1992.

- R. REMOND : La République souveraine. Fayard 2002 ;

- J. SWIFT : La bataille des livres. Rivages. 2003

- M. WEBER. Le savant et le politique. 2002.

- Denis de ROUGEMONT : Lettre ouverte aux Européens. Albin Michel 1970.

- Charles TAVEL. L'ère de la personnalité. CNRS. 1975.

STRUCTURE

Table des matières

Printed in Great Britain
by Amazon